蒙台梭利家庭教育全书

最新修订版

The Education of Maria Montessori

（意）蒙台梭利 著　林凯 编译

U0838378

中国商业出版社

图书在版编目（CIP）数据

蒙台梭利家庭教育全书/（意）蒙台梭利（Montessori，M.）著；林凯编译．—北京：中国商业出版社，2013.8

ISBN 978-7-5044-8158-0

Ⅰ.①蒙…　Ⅱ.①蒙…②林…　Ⅲ.①儿童教育—家庭教育　Ⅳ.①G78

中国版本图书馆 CIP 数据核字（2013）第 144671 号

责任编辑：张振学

中国商业出版社出版发行
010-63180647　www.c-cbook.com
（100053　北京广安门内报国寺 1 号）
新华书店总店北京发行所经销
北京毅峰迅捷印刷有限公司
*
710×1000 毫米　16 开　16 印张　200 千字
2013 年 10 月第 1 版　2017 年 1 月第 2 次印刷
定价：32.00 元
* * * *
（如有印装质量问题可更换）

前言
PREFACE

作为20世纪享誉全球的幼儿教育思想家和改革家，玛丽亚·蒙台梭利所创立的独特的幼儿教育法，风靡了整个西方世界，深刻影响着世界各国。目前，在我国，很多幼儿园都设立了专门的蒙氏幼儿班。

1870年8月31日，玛利亚·蒙台梭利出生于意大利安科纳（Ancona）地区的基亚拉瓦莱（Chiaravalle）小镇。在早期的学校生活中，她已萌发了关心和照顾未来的儿童的想法。1886年，从中学毕业的蒙台梭利进入高等技术学院学习。出于对生物学的强烈兴趣，她于1890年秋天进入了罗马大学医学院。女孩学医在当时保守的欧洲社会里，可谓荒谬不堪。但蒙台梭利不畏世俗的压力以及父亲的反对，凭着自己不屈不挠的努力，终于获准进入医学院研读。由于她是班上唯一的女生，时常单独留在解剖室做实验，与死尸独处。再加上父母的不支持，沉重的压力，无人可倾诉。但是蒙台梭利并没有就此消沉，反而越挫越勇，培养出了异于常人的毅力，为她日后献身儿童教育，奠定了基础。

1896年，通过自己的勤奋学习，蒙台梭利成为了意大利教育史上的第一位女医学博士。博士毕业后，蒙台梭利担任罗马大学附属精神病诊所助理医生，并利用业余时间从事智力缺陷儿童的神经与心理疾病的研究。从1897年起，她从事智力有缺陷儿童的教育工作。

1901年，蒙台梭利离开意大利国立特殊儿童学校，开始致力于正常儿童的教育。1907年1月6日，她在罗马圣洛伦佐区成立了第一所“儿童之家”。由此，蒙台梭利开始进行系统的教育实验，设计了一套教材和教具，提出了一系列的方法，创立了闻名于世界的蒙台梭利教育体系。

“儿童之家”招收3～6岁的儿童。在这里，蒙台梭利运用自己独创的方法进行教学，结果出现了惊人的效果：那些普通的、贫寒的儿童，几年后，心智发生了巨大的转变，一个个地被培养成了聪明自信、有教养、生机勃勃的少年英才。这件事情轰动了整个欧洲，关于这些奇妙儿童的报道，像野火一样迅速蔓延。人们以蒙台梭利的教育思想为蓝本，建立了许多新的“儿童之家”。

蒙台梭利教育法之所以能在全球范围内取得如此反响，关键在于她在总结卢梭、裴斯泰洛齐、福禄贝尔等人的自然主义教育思想的基础上，形成了自己革命性的教育理念，如“敏感期”、“精神胚胎”、“有吸收力的心灵”等。这些闪烁着无限智慧光辉的理念为我们揭示了儿童成长和发展的奥秘。同时，她还反思了成人对儿童的教育，指出儿童的很多问题源于成人对待儿童的错误方式以及对他们产生的压抑，向成人提出了警示。

1929年，“国际蒙台梭利协会”在丹麦成立，蒙台梭利任会长。此后，10多个国家相继成立了“蒙台梭利学会”。到1952年蒙台梭利逝世时，欧美和印度等地都建立了蒙台梭利学会，“儿童之家”则遍及世界各地。

蒙台梭利在自己的一生中撰写了许多重要著作，其中包括：《蒙台梭利方法》（1909）、《高级蒙台梭利方法》（1912）、《蒙台梭利手册》（1914）、《童年的秘密》（1936）、《儿童的发现》（1948）、《童年的教育》（1949）、《有吸收力的心灵》（1949）等，它们被译成多种文字，广泛流传于世界各地，在世界范围内引起了一场幼儿教育的革命。

为了纪念这位伟大的教育家，为了使现如今的广大幼教工作者和家长更加深刻地了解蒙台梭利教育理念和教育方法的精髓，我们将她这些著作的主要思想集于一书，期待更好地发现和解放儿童，使他们拥有更快乐的生活和更美好的未来。

目录
CONTENTS

第六章 心灵和人格的建构

第七章 敏感期的教育决定孩子一生

第八章　发展儿童的智力

第一章

生命之初

婴儿的诞生是一个伟大的自然奇迹。在未出生之前，他生活在妈妈精心为他营造的"水晶宫"里，在那个温暖安静的环境里，他不受外界的打扰，怡然自得地长大。可是，在出生的刹那，他仿佛从一个世界突然进入了另外一个完全陌生的世界。他的生命形式发生了根本性的变化，开始正式走进了人类的生活。他像一位来自遥远地方的新移民，经受了痛苦，并疲乏不堪。我们为迎接他的到来做了很多事情，但仍有更多的事情要做。

满怀陌生与恐惧来到这个世界

分娩结束，母亲经历了巨大的痛苦。但很少有人注意到，新生儿也同样经受了考验。

到现在为止，大多数人仍然认为，分娩是母亲整个生命过程中最艰难的考验，她们承受了难以想象的痛苦，犹如完成了一场生死的较量。这是毋庸置疑的。但很少有人注意到，亲爱的新生儿在出生的时刻也同样经历了他人生中最艰难的一关，面临了考验。可以说，他是满怀陌生与恐惧来到这个世界的。

为什么这么说呢？

这是因为，新生儿几乎是在没有任何准备的情况下，随着一声响亮的啼哭声，突然离开了本已习惯的长达9个多月的黑暗和赖以为生的母体保护，被带到了一个新的成长环境。

我们不妨设身处地地从婴儿的角度想象一下他出生前后的情景，这样就不难了解这个小生命面临的是什么样的困难了。

随着出生时刻的来临，胎儿身边令人舒适的羊水突然减少，他这小小的客人将被一股无形的力量推着离开母体，他焦急地寻找着出口，脆弱的身体被挤压着……最后，当他降临到这个世界时，我们又是用什么方式来迎接这个小家伙呢？在分娩的时候，人们所有的注意力几乎都放在了妈妈身上，因为这是她整个生命过程中最艰难最危险的时刻，婴儿却只是被护士粗略地检查了一下，确定他的身体健康就算完事了，却没有人明白这对婴儿来说也是一道难关。

一般来说，胎儿在7个月大时就有心理活动了。当出生的时刻来临时，这个弱小的生命从一个熟悉的环境进入一个完全陌生的环境时，他不得不为此做出最艰难的挣扎。尽管他对所发生的事情还没有意识，无法表达出生的痛苦，但这种痛苦在他心灵深处的潜意识里打下了烙印，这就是婴儿的“出生恐惧”。婴儿对此有所感觉，并能通过哭的方式来排解这种痛苦与恐惧。

早产或者不安全的出生方式都有可能对婴儿造成“出生创伤”，这不仅会导致婴儿的哭泣和抗议，还会使孩子以一种不正常的方式生活，比如在婴儿期表现出的长时间睡眠、醒来时莫名其妙的大哭等。这都是因为他对面临的这个世界心怀恐惧所引起的表现。严重者长大以后还可表现为对父母的依赖以及学习新事物时产生障碍。

婴儿期所经历的事情往往会影响其一生的发展。几乎所有的教育专家们都一致认为——胎儿在母体内的发育和出生后在儿童期的成长变化会对孩子成人后的生活产生决定性的影响。因此，我们必须彻底了解新生儿的特点，只有这样，我们才能科学周到地去照顾他们，他们才能在瞬间的环境转变下不会有无意识的心理压力，也才能健康、安全地跨出生命中的第一步。

新生儿在出生时所面临的环境并不是一个自然的环境，而是一个已经被人类彻底改造过的文明化的环境。这是一个“超自然”的环境。人们为了使自己有一个更安逸的生存方式，抛弃了自然的环境而建立了一个与之相反的环境。当新生儿从一种生存方式进入另一种生存方式时，他必须作出最大的努力去适应。

总之，出生的巨大转变要求我们科学地对待新生儿，因为一个人在他的一生中，没有一个时期像他在出生时那样经历过如此剧烈的冲突和挣扎，并承受由此而带来的痛苦。

对婴儿的护理

婴儿最需要的不是那些表面奢华却冷冰冰的物质，而是一个温暖的外界环境，一处远离噪音与污染的地方。

许多人认为我们已经十分关心新生儿了。但是，事实上，当一个婴儿刚出生时，所有人关心最多的却是他的母亲，因为她经受了很大的痛苦。那位母亲因为太疲乏而需要休息，所以，她的房间是安静的，光线是暗淡的。但是，对于刚刚来自无光亮无声响之处的儿童来说，他也需要安静的环境，以及暗淡的光线。新生儿是在一个没有任何袭击、没有丝毫温度变化和绝对安宁的液态环境中长大的，所以他肯定也需要好好地休息。但是，属于成年人的世界是怎样接待他们的呢？

医生仅仅把一种毫无表情的目光投向这个新生儿，看一看他是否活着，仿佛在说：“活的，把他放到一旁去，我们现在不必担心他了。”

所有那些等待着新生儿诞生的人急切地欣赏他，赞美他，抚摸他。父亲看着他的眼睛的颜色，并尝试着去摆弄他的睫毛，想到自己的孩子有一天会看到他并认识他，他在注视着婴儿的同时会情不自禁地笑了起来。

但是，没有一个人认为，这个新生儿是受过痛苦的。

出生以后，这个新生儿立即被穿上衣服。那时，他被紧紧地包裹在襁褓中。在母亲的子宫里一直曲着的幼小身体被拉直了，不得动弹，仿佛上了石膏似的。其实，对一个新生儿来说，衣服并不是必需之物，即使在他的最初一个月里也是如此。以后，随着紧裹的襁褓的消失，代之而起的是轻薄柔软的套衣。

确实，新生儿最好能像绘画中常见的那样裸露着。由于儿童一直生活在母亲体内，他需要保暖，但这种温暖主要应该来自他周围的环境，而不是他的衣服。衣服实际上并不能提供温暖，只能用来保存体内已有的热量而防止它的散发。如果房间是暖和的，衣服就成为了空气的暖热和儿童的身体之间的一个障碍物。在动物照管它们幼崽的方式中，我们可以看到这方面的例证。即使这些幼崽可能已覆盖了绒毛或毛皮，它们的母亲仍然像孵化时一样对待它们，用自己的身体温暖着它们。

我们没有必要再继续谈论这种对新生儿的不关心了。我敢断定，世界上还没有一个国家的人们能充分地认识到新生儿真正需要什么。但我相信，成年人只要用心，就一定能够找到更好的照看新生儿的方法。

但是，对于新生儿的保护，不应仅仅是如何使他避免受到伤害，同时也应该采取措施使他的心理适应周围的世界。实际上，从新生儿诞生那一刻起，就有“儿童的心理健康”问题的存在。因此，我们对待新生儿的态度必须有所改变才行。

在一些富裕的家庭里，父母仍然为他们的小孩提供华丽的摇篮和装饰考究的小衣服。但这些东西所意味的，仅仅是奢侈的环境，而并非婴儿的真正幸福。很多时候，成年人都忽视了婴儿的真正心理所需。其实，对于婴儿而言，最好的环境应该是一个听不到街道嘈杂声的、平静和安宁的、光亮和温度能够调节的房间，就如在一些歌剧院里所获得的条件一样。

另一个问题是关于搬动和怀抱这个裸露的新生儿的问题，在用手接触他时应该尽可能地轻一点。应该采用一种轻便的和柔顺的支撑物的方法来抱起这个儿童，例如一个用柔软的材料做成的吊床能承受住他那整个曲在一起的身体，这时的情景就像在胎儿期一样。对儿童的照管，就是对儿童提供一定的帮助。掌握用手搬动和怀抱新生儿的技能，需要仔细的实践。改变新生儿从垂直到水平的位置要求专门的技能。护士早就认识到，为了抬起一位病人以及平行地和缓慢地以不改变他水平的位置。

新生儿是弱小的。与他的母亲一样，他逃脱了死亡的危险。当我们看到他活下来时，无意识产生的欣喜和满足在一定程度上是一种解脱感，也就是危险已经过去了。其实，这时候他可能需要帮助，有时候他可能窒息，或可能止血机能受损而皮下出血。必须考虑到新生儿是弱小的，但是绝不能把他与患病的成人相混淆。因为新生儿需要的帮助并不是病人需要的帮助，而是一个迫切想使自己在身体上、心理上适应一个新的和陌生的环境的人所需要的帮助。我们对新生儿的态度不应该是一种怜悯，不应该使一个有心理生活的人一直被限制在我们的感知范围之内。我曾经看到一个新生儿被放进一桶水中，差一点被淹死。当他突然下沉时，这个新生儿睁大了眼睛，伸出了小小的手臂和腿，似乎下沉令他大吃一惊。这是他第一次经历恐惧。

如果我们把对儿童的照料与对母亲的照料进行比较的话，并尽可能地设想像对待儿童一样来对待母亲，那么，这时我们就会发现我们的方法错了。要让母亲保持绝对的安静，为了不打扰她而把她的新生儿抱走，只有在喂奶时才抱回来。给新生儿穿着漂亮的衣服并用花边和丝带打扮起来，这个过程颇使他心神不宁。所有这些，就相当于要母亲在分娩之后立刻起床穿衣去参加一个宴会一样。

人们经常会把新生儿从摇篮抱到肩上，又随意地把他放在母亲身边，并不考虑他的感受，但谁也不会让母亲去遭受这样的劳累。有人还为这种做法辩护，宣称儿童没有真正的苦与乐的意识和体验，因此，认为对新生儿过分小心简直是愚蠢的。而对处于不省人事或危在旦夕的成人过分的照料，我们会怎样想呢？通常认为，他需要的只是身体上帮助，而不是意识到需要充分地关心他的想法和感情。我们对待新生儿的方法同样也是如此，这实在是不应该的。但我们却认为，这也没什么不可以的。

还有一点值得一提的是，那就是成人在照看婴儿的时候对他的膳食毫无计划。我们都知道婴儿的饥饿状况是我们无法预知和掌握的，无规律可循，所以很多母亲包括其他围绕在婴儿身旁的成年人无论何时，只要听到孩子的哭声就想当然地认为孩子饿了。以致最后，大人都认为孩子大声哭叫便是喂奶的唯一指令。但是，婴儿有时的哭叫或许是因消化不良时腹部疼痛而引起的，但他的吵闹越剧烈，他所传递给成人的错误信息就越严重，从而导致成人频繁地给他喂食，这样下去，孩子的病情就会不断地恶化。

在我们的生活中，母亲抱着孩子时焦灼无助的神情十分常见。为了使孩子不再哭泣吵闹，能够尽快地安静下来，母亲也只好给孩子喂奶，我们为母亲所表现出的伟大母爱所感动，但同时也体会到那些做母亲的担忧与困扰！

如何才能避免上述困窘的发生呢？我们提醒成年人，即使再小的婴儿也应该有规律地进食，这样能使孩子的消化机能得到很好的调节和提高；当孩子前一次的进食结束，并且经过了较长时间的消化后，我们才可以再给孩子喂一些新鲜的食物；要适时根据婴儿的不断成长来调节饮食结构，喂奶的时间可以安排在距上次孩子进食数小时后；干面包对孩子来说不是很好的食物，无论多大的孩子，我们都应该尽量地减少他们食用干面包，因为面包屑很可能会被孩子吞下，无法消化，从而导致孩子的消化出现问题。

还有一个最让父母头痛的问题：该如何解决孩子的哭闹？孩子的哭闹，往往是间歇性的，在哭过一段时间以后，状况会明显减轻，有时，在哭了一会儿后，孩子可能就不哭了。

孩子啼哭究竟是什么原因造成的呢？通过研究我们发现，孩子的啼哭实际上是用来表达自身痛苦的信号。但是，这幼小生命的哀号却没能引起成人的关爱和理解，他们依然被成人用襁褓束缚着，有些不负责的父母甚至将孩子交给毫无经验的人照看。这些可怜的孩子，他们不仅没有属于自己的空间，同时自主权也被成人剥夺了。

像这样的孩子只有在科学的解救下才能得以生存。人们通过科学的方法，研制出保育室、婴儿室，让婴儿在舒适的环境中去逐步地适应这个新的世界；为孩子量身定做小衣服，使孩子脆弱柔软的小身体得到适当的保护；为孩子提供安全卫生的食物和各种各样的营养品，使孩子的饮食健康合理。总之，科学给孩子们提供了一个清新、充满智慧和欢乐的世界。孩子们终于赢得了原本就属于他们的生存权利。

新生命的神奇本能

每个正常的新生儿都具有我们意想不到的神奇本能。

人类的胚胎最开始只是一个小囊，到后来发育出心脏，并且按照固定的节律搏动。可以说，人类胚胎的发育是一个奇迹，因为它可以独立并秘密地完成所有的使命。人体细胞在经过多种转化后能够做到准确无误，这些细胞有的变成软骨，有的变成神经，有的变成皮肤，而且这些器官也会各自发挥其独立的功能。所有这一切都是那么神秘又充满本能，真的是太伟大了！

新生儿的诞生本身更是一个伟大的自然奇迹，这个刚刚降生的小生命决不仅仅是个物质机体。当一个新的生命降生时，它自身就包含着一种神秘的本能，这个本能将指导它如何活动，形成什么样的特性并积极主动地去适应不断变化的环境。例如很多动物所置身的外界环境不仅给它们提供了生存的手段，而且还为这些手段的形成提供了相应的刺激。像小羊总是很安静；而小虎崽则很暴烈；蚂蚁们总是在辛勤、无声地工作；蝉却总是没完没了地吟唱一样。

外界环境就是这样以它自己的方式为整个世界的协调发展与繁衍生息做出了贡献。一个动物在世界中所处的位置从它一出生就能得到确定，每一种动物都有最适合它生长的外界环境，都有自己与众不同的机体特性，使它不断为世界整体系统的完善做出贡献。

与其他所有动物一样，新生儿也有其特有的心理规律。只是，与动物的本能不同，儿童的心理是潜移默化的，它不会立即表现出来。儿童不受那种在非理性生物中发现的既定本能支配，因而它会随着阅历的不断增长而发生变化，并且有较大的发展空间。

由于每个儿童都将有不同的发展，我们也应该学会为他们量身定做一个适合他们成长的外界环境。在儿童的心灵中有着不为人知的神秘，随着心灵的成长这些神秘会逐渐显现出来。像生殖细胞在发展中遵循的某种模式一样，这种深藏的秘密也只能在不断发展的过程中才能被发现。

最终人们发现，每个正常的新生儿都具有我们意想不到的神奇本能。一般来说，新生儿具有神奇的五大潜能：

1. 模仿能力

出生 8 小时，他就会模仿母亲吐舌头。

2. 声音定向

在觉醒状态下，用一个小塑料盒内装少量玉米粒或黄豆，在距离新生儿耳旁10~15cm处轻轻摇动，发出很柔和的格格声，他会把眼睛或头转向发出声音的方向。新生儿喜欢听高调的声音，喜欢听人说话，当母亲叫他时会转过头来。如果出生后每天都听读图书，新生儿就会建立对其一生都产生影响的阅读兴趣与习惯。他的专注力、语言能力的发展会惊人地超前。

3. 注视与追视

新生儿喜欢看东西，特别是图书，有鲜艳颜色的东西，如红球或黑白分明的靶心图、条形图、字母等等。他特别喜欢看人脸，尤其是母亲慈爱的笑容，如果你带上眼镜则更能吸引他。当红球移动时，婴儿的目光甚至头部会追踪距眼前20cm移动的球体。

4. 触、味和嗅觉

新生儿喜欢紧贴着躺在妈妈怀中，当宝宝哭闹时，你把手放在宝宝腹部并轻轻按住两上臂，宝宝就不哭了。新生儿能精细地辨别味道，对于咸、苦、酸的味道会有不愉快的表情。当闻到一种气味时，有心率加快、活动量改变的反应，他能区别自己母亲奶水的气味。在状态良好时，他还会凝视着对你笑，吸吮自己的手或抓住谈话人的手。

5. 运动能力

新生儿具有许多先天的运动本领，例如：

爬行反射：让新生儿趴在床上，用手抵住他的两脚，婴儿可趁势向前爬行。

行走反射：扶住婴儿使其光脚板直立在床上，他就会一步一步向前走“猫步”，走得好的孩子就像散步一样。

游泳反射：在水下分娩的婴儿，可在水中游来游去而不呛水。

抓握反射：将食指放在新生儿掌心，能立即感到手指被婴儿攥紧，检查者可借此将婴儿提升在空中停留几秒钟，就像人类的祖先在森林中悬吊在树枝上一样，等等。

这些先天就有的能力，如果不及时加以练习，几个月后就会自然消失，如果及时训练，这种先天的反射就会变成后天的本领……

新生儿能力的发现是人类对自身认识的里程碑式的跨越。它为我们从新生命诞生时就科学地开发其潜能提供了依据。难怪有人把发现新生儿的潜在能力与哥伦布发现新大陆相媲美。需要指出的是，新生儿潜能开发须由经严格专业培训的人员来进行。

不要训练孩子行走

很多情况下，正是因为大人的自以为是，

徒增了很多没有必要的烦恼与忧愁。

有些对孩子的发展有着很高期待的母亲，在婴儿出生后的几个月里，会每天不厌其烦地教婴儿走路。她们兴奋地发现婴儿的小脚会不时地移动，并天真又可笑地认为那是孩子在学习走路的表现。实际上，这时婴儿的神经系统尚未完全发育，他们动作也不协调，而婴儿的脚弓确实已经渐渐成形，孩子便自然开始努力地尝试移动自己的小腿。母亲们并不了解这一切，常常以为这是她们自己教育有方。还有的母亲会把孩子捆在一种底部比较宽大的铃状竹篮里面，来防止孩子滑倒，然后将他的手臂吊在篮子外面，通过竹篮的上部来支撑婴儿的整个身体。在这种情况下，虽然婴儿根本无法通过腿来站立，可是他只要向前移动双腿了，就被母亲认为是在走路了。

这些成人强加给孩子的支撑物就像我们为年老、行动不便的人或腿部有缺陷的人所提供的拐杖一样，当孩子养成这样的“行走”习惯后，一旦我们突然将支撑物拿走，孩子势必会重重摔倒。

当我们将科学的方法注入儿童培养的领域时，又会产生怎样的效果呢？需要郑重声明的是，科学并不会教你怎样将孩子的鼻子挺起来或使孩子的耳朵竖立，更不会让你在婴儿出生后立即教会他如何走路。这些都是科学所达不到的！因为事实上，人类的头、鼻还有耳朵的形状是自然本身已经决定的，无论是孩子还是成人，说话的本能是本身就具有的，无须割断韧带，而腿的曲直也是自然决定的，行走的机能也会自然而然地产生。人们在这些方面施以人为的干涉是不必要的，也是有害的。

我们必须遵循这样的原则：教育儿童，尽可能地将一切回归自然，让其自由发展。儿童自由发展的程度越高，就越有助于他形成更为协调的身体，从而造就更为健全的机能。因此我们主张应尽最大的可能将成人施加给孩子的束缚消除，让他们在恬静的状态下生活，获得更多安宁；让婴儿的双腿得到最大限度的放松，让他们舒服并舒展地躺着。因为成人往往把婴儿“逗”得上下乱动。在时机还没有成熟之前，千万别让孩子着急行走，只要时候一到，他自己便会站起来，自然而轻松地行走。

我们知道，有些哺乳动物一生下来就会走动，有的几分钟后就能奔跑了，可人类刚生下来的时候什么都干不了，需要在妈妈的怀抱中生活很长时间。人类为什么需要这么长的时间去培养行走、奔跑等能力呢？

原来只有先完成身体上三个方面的发展，儿童才可以站立。

1. 小脑的发育

用两条腿站立、行走、奔跑看似简单，其实是极为复杂的。它需要很多复杂的结构互相配合，其中主要取决于小脑。

小脑位于大脑半球的后方，它就像一个调节器，控制着身体的平衡，调节肌肉的紧张，协调随意运动。从某种程度上说，儿童能否行走主要取决于小脑的发展。小脑在儿童6个月左右的时候开始快速发育，这个快速发育的过程持续到14～15个月，然后速度逐渐放慢，到4岁半完成。在这一阶段，不仅小脑和神经系统发育成熟，而且行动器官也发育成熟。一个正常的儿童长到6个月就能够坐起来，到9个月就可以爬动和打滚，10个月左右就能够站立，12～13个月开始迈步行走，到15个月的时候，就可以平稳地走路了。

2. 脊柱神经的发育

在儿童学习行走的这段时间里，脊柱神经也开始形成。行走过程是由腿部各种肌肉运动协调完成的，而脊柱神经的任务就是把大脑的指令传达给腿部的肌肉。如果脊柱神经还没有发育成熟，无法传达那些指令，人就不能行走。

3. 骨骼的发育

孩子走路前，骨骼需要硬化。而刚出生的婴儿的骨骼柔软又有韧性，脚部根本无法承担起身体的重量。又由于在学会走路之前的这段时间里，婴儿颅骨上的裂缝已经长满，即使儿童会走路以后，不慎摔倒，也不会伤及大脑。

由于行走需要小脑、脊柱神经以及骨骼这些器官的协调才能完成，因此，在它们还没有成熟之前，父母不能教孩子走路。走路是一个自然发展的过程，如果违反自然发展的规律，只能给儿童带来伤害。

第二章

有吸收力的心灵

婴儿在刚刚出生之时，除了本能的反射反应外，几乎什么都不会做，是什么力量促使他逐渐学会原本并不会的诸多本领的呢？其实，解释起来也并不复杂，这主要是因为每一个婴儿都具有一种与生俱来的特质——吸收能力，我们称之为有吸收力的心灵。换句话说，成年人是通过大脑学习知识的，而儿童则是通过心理能力直接吸收知识的。

婴儿所具有的“精神胚胎”

孩子并非一张白纸，相反一开始就有一个“精神胚胎”，这个精神胚胎中藏有心灵成长的密码。并且，只有孩子自己通过自己的行动、感受和思考才能解开这个密码。

婴儿的诞生，是一个伟大的自然奇迹。这个降生到世界上的小生命，他的生命形式发生了根本性的转变，他走进了人类的生活。他敏锐地感受到环境的变化，并尽一切努力去适应崭新的生活。

这个小生命的生长发育是从肉眼看不见的受精卵开始的，之后逐渐分裂出许多细胞，形成各种器官，发育成人，这在生理上称为“生理胚胎期”。同样，婴幼儿心理的最初发育也是经过吸取外界的信息刺激、积累材料、形成许多感受点，然后才产生心理活动的，这在心理学上称为“精神胚胎期”。

“精神胚胎期”是婴幼儿逐渐从无意识转化成有意识，形成感知、记忆、想象、思维等认知能力的发展阶段，同时也是婴幼儿的需要、兴趣、能力、气质、性格等个性发展的关键时期。

人们常说：“所有婴儿刚出生时都是一样的，并且以同一个速度成长发育。”这就是说，胚胎阶段的生命都大致相同。人类所有成员都由大致相同的“精神胚胎”发展而来，不论他是伟大的艺术家、优秀的领袖，还是一个普通人。

当然，人类无法预测心理后期发展的结果，也不能了解胚胎阶段的人。在生命的这个阶段，人类能够做的只是帮助生命发育。胚胎阶段是心理发展的开始，假如能根据未来的需要给予某种帮助，必定能够大大提高人的能力。

婴幼儿“精神胚胎期”在0~3岁之间。精神胚胎对教育的意义是：给0~3岁婴幼儿不仅是保育，更重要的是教育。生命中最重要的时期是0~6岁，其中0岁最重要！

儿童的精神胚胎期与前阶段胎儿期的主要区别是：婴儿是一个独立的个体，不再依附于母亲的机体。他有自主性，能与周围环境进行物质、能量、信息的交换。他能自己呼吸、摄入营养、排泄废物等等。从精神发育的角度看，发展各种感觉器官和肢体运动能力，使婴儿能自主地吸收多种信息促进脑的发育，这一点特别重要。因此，成人过多地把婴儿抱着，使他处于被动状态，会养成其对人过分依赖的毛病，对身心发展不利。对躺着的婴儿可以在小床上悬挂彩条、气球、会响的玩具，让他挥舞手脚时带动玩具发出声音，慢慢地感受自己的活动与周围事物的关系。会坐、会爬时，可以提供玩具让他自己触摸摆弄，激励他活动四肢和身体。成人可以和他一起玩儿，边玩儿边说话，让他慢慢地学会与人交往。

婴儿期受到的环境中，情绪影响对其一生的精神发育非常重要。有人从情绪中枢发展的特点来推断，婴儿是借助与亲人情绪交往的经验来建立情绪学习的基础的。这些经验以非语言的形式储存在人脑的杏仁体里，因为大脑皮质此时发育还不成熟，语言还没出现。但这些经验的印象很深，以后婴儿受到情绪刺激时就根据这些经验做出反应。因此，婴儿期与周围环境中人们之间的情绪交往是积极的还是消极的，会对婴儿长大以后的情绪发展造成深刻的影响。这是婴儿素质教育中特别需要重视的问题。

因此，当婴幼儿的大脑皮质逐渐发展时，要及时培养其控制情绪的能力。当婴幼儿情绪冲动时，可以用拥抱、抚摸等安慰性动作来缓和其情绪。同时用恰当的宣泄、转移注意力或谈心说理等方法，来帮助他发挥大脑皮质前额叶对杏仁体的控制作用。否则，错过了大脑发育的关键期再来培养就要困难得多。

我们可以通过教育来影响儿童，而这必须要以环境为载体。因为儿童对其所处的环境进行吸收和学习，并形成自己的个性。作为家长和教师，我们要通过教育将人性带到一个更深更高的水平，当然这也意味着我们还有很多工作要做。这意味着，我们必须从出生就把婴儿当作是具有特殊心理能力的生命来对待，而不仅仅是需要大人照顾的孩子，并且以此为根据进行教育。实际上，新生婴儿的心理世界已经得到了广泛的关注，现在的儿童心理学的发展已经对此有了更多的研究。

如果教育从出生之后就开始，那么教育就必须适应这一时期的条件。在这里，我们探讨的是一种遵循人类自然成长规律的方法。我们认为，所有儿童都具有相同的心理需求，在长大成人的过程中都要经历相同的阶段，这些不是我们主观所能决定的，而是大自然建立了一定的法则，决定了人类发展的进程。也就是说，大自然已经决定了我们教育所应该遵循的方法，这种方法就是满足生命的需要和规律。儿童自身自然的发展必须遵循这些规律和需求。

总的说来，儿童的“精神胚胎”的发育主要有以下五个重要特征：

1. 儿童具有一种与成年人完全不同的心理类型。儿童可以根据自己的所见所闻来自我塑造。

2. 儿童具有一种特殊的学习周围知识的敏感性。他的观察和吸收能力使他可以逐步适应周围环境。

3. 儿童生命的第一个阶段是一个适应的阶段。儿童会建立一种行为模式，以便把自己自由地融入到这个世界中，进而影响这个世界。

4. “记忆基质”不但创造个体的特性，而且会保持这些特性在他们体内的生命里。儿童时期学习吸收的东西会永久地成为他们个性的一部分。

5. 如果在“精神胚胎”阶段我们能够根据人类的需要对其进行某种程度的帮助，帮助其生命进行发展，他今后的个人能力将会有很大的提高。

儿童吸收力量的特质

每一个儿童自身好像都有一个勤勤恳恳、技术娴熟的老师。

曾经有一个父亲抱着他一岁的儿子在广场上游玩，孩子发现了不远处的台阶，兴奋地蹒跚着向台阶跑去，到了台阶前，孩子开始手脚并用地一级一级向上攀爬，站在一边的父亲看到孩子爬得那么费劲，便将孩子抱起来一下子放在最高层，孩子立刻大哭，样子痛苦不堪。这位父亲百思不得其解，想不通，孩子不就是想爬上去么，为什么把他抱上去了，还要哭？这时我一个搞教育的朋友正好路过，很心疼孩子，就走过去对那位父亲说，你把孩子抱下去，把他放在台阶下面让他重爬他就高兴了。这个父亲疑惑地看了我的朋友一眼，眼神中充满疑惑，但还是将孩子抱起来下了台阶，刚把孩子放下，孩子立刻止住了哭声，脸上还挂着眼泪，开始了爬台阶的工作。

当一个儿童需要学习的时候，如果被成人或其他事情阻碍，不能实现自己的愿望，他就会非常痛苦，长期下去，孩子心理就会被扭曲。

儿童吸收的力量是巨大的，并且令人感动。从这个故事我们看到的是孩子的需要和这种需要产生的力量，成人如果不能懂得孩子，就会像这位爸爸一样帮倒忙，将成人的目的当成孩子的目的。成人上台阶是为了到达顶端，而孩子上台阶是感受台阶和享受爬台阶的感觉。所以孩子会重复地一遍一遍地攀爬，是为了爬台阶而爬台阶，这是他内在的需要和力量所决定的。

每一个儿童自身好像都有一个勤勤恳恳、技术娴熟的老师。人类使用得最流利的语言正是他们在婴儿阶段学到的。如果儿童在长大后去学习另一种语言，即使让最高明的学者来教他们也不可能让他们学得像说自己母语一样自如。必然存在一种精神的力量，能够发挥作用去帮助儿童发展，而且，不只是表现在语言学习方面。

在 2 岁时，儿童已经可以认识周围所有的人和事物。认识到了这一点，我们就会知道，儿童已经学到了很多的东西，从而促进自己内心的成长。人类的所有东西都是在儿童阶段形成的，特别是在人生的最初两年里形成的。儿童不仅要认识周围的事物，理解同时适应周围的生活，而且其中还有一些东西是成人无法教授的，比如智慧、信仰和民族与社会特有时情感等，这些都形成于这个阶段。大自然仿佛能够使儿童不受成人推理方式的影响，而是使他们以自身的内在学习方法顺利地进行学习。在成人所谓的智慧占据和改变儿童的内心以前，儿童就将它们的心理构架建设好了。

3 岁时，儿童就已经打下了他的人格基础，并从这个时候开始需要专门的学校教育。儿童在 0 ~ 3 岁这段时间里取得了极大的成就，所以有的人会说，3 岁上学时的孩子就是个小大人了。心理学家们也肯定地说，儿童用 3 年时间学会的东西，我们成年人可能要 60 年的艰苦学习才能够完成。心理学家用一句话表达出了这样的意思："3 岁的孩子已经是一个大人了。"可是，儿童这种从周围环境中学习的能力还远远没有发挥到极致。

儿童的这种"有吸收力的心灵"可以接纳任何东西，并最终把这些东西通过行为表现出来。是的，儿童的大脑有一种与成人不同的力量，这种力量的创造性非常之巨大。

关注婴儿精神世界的成长

我们应该对新生婴儿的精神世界给予更多的关注，而不是像现在这样只关注他们的身体。

新生儿出生以后，必须要经历一段精神发育的过程，主要是婴儿在精神方面的成长。此时婴儿所面临的是一个与他在子宫中胚胎的物理成形过程完全不同的阶段，当然也不同于他长大成人的成年阶段。我们把这些刚出生的婴儿称为"精神的胚胎"，而把出生后的这段时间称为“精神胚胎期”。

从某种意义上说，人类要经历两个胚胎期：一个是在出生之前，这是所有动物都具有的。一个是在出生后，也就是上面提到的“精神胚胎期”，这一时期是人类所特有的，并使得人类与动物有了很大的区别，婴儿的这种能力是其他动物所不曾拥有的，婴儿的出生是生命的一次跳跃，是生命新里程的起点。

这也是我们对此进行研究的原因。我们应该在儿童发展和人类心理研究上找到新的起点。如果说人类的活动依赖于精神和智慧，那么，这种精神和智慧必定是人类存在的支点。他的行为和活动是以这一支点为基础展开的，人类也是在这一精神前提下发展的。

成长中的婴儿不但具有学习成年人的能力，如力量、智慧、语言等，还能根据周围环境塑造自己的性格。这是因为婴儿具有与成年人完全不同的心理类型，由于这个原因，儿童与周围环境的关系也同成人不一样。成年人可以记住环境中的东西并对其加以观察和思考，儿童则不仅仅记住了周围的事物，而且他对环境进行吸收，使之成为自己心灵的一部分。有的时候，成年人对所见所闻可能无动于衷，而婴儿则根据自己的所见所闻来自我塑造，并成为自我个性的一部分。这种具有无意识的记忆和吸收力的记忆类型被帕西·纳恩先生称为“记忆基质”。

证实这种特殊记忆类型的一个例子就是婴儿的语言问题。儿童并不是“记住”了语言如何发音，而是形成了发音的能力，并将其发挥至极，很快地就能熟练运用语言。并且儿童在讲话时完全遵循语法规则和特殊用法，他们并没有像成年人那样对语言进行过研究或记忆，在他们还不曾想到需要这样学习语言的时候，就已经熟练地掌握了语言，并且使之成为自身的一部分。毫无疑问，婴儿学习语言的方式与通常的记忆完全不同，它应该是儿童思维中最重要的部分。同时，儿童对周围环境有一种特殊的敏感性，这种感受能力使他能够观察和吸收周围事物，并逐步适应环境。儿童是在童年时期这一特定阶段无意识地完成这一过程的。

“记忆基质”对人的成长发育的意义，同样在人的动作、神态、步态方面表现出来。儿童吸收学习得来的具有个性的东西都永久地存留在他们的头脑之中，虽然这些东西有的因为某种原因不再使用，但它们在潜意识里还是存在的。也就是说，“记忆基质”不但创造个体的特性，而且会保持这些特性在他们体内的生命里。儿童时期学习吸收的东西会永久地成为他们个性的一部分。成年人在儿童时期所学习的东西会在他身上打下永久的烙印。

所以人们常说，任何想要改变一个成人的努力都是徒劳的。当人们说某个人没有教养，或者指责某个人过于懒散时，虽然会伤害到他，或者令他感到耻辱，当然他也会意识到自己的缺点，但是他们不会根本改变，因为这些缺点是根深蒂固的。因此，我们说，童年期的教育以及教养方式对儿童及其精神胚胎的发育和成型都是极其重要的。

同时，儿童的身体发育是一个漫长的过程，在这个过程中儿童需要不断地完善自己，直到成为一个真正意义上的人。这是因为婴儿与其他哺乳动物不同，他不直接接触周围环境，他还将继续着胚胎生命的过程。正是在这一独特时期，一系列人类的本能会在婴儿身上形成。

既然在婴儿的身上没有什么预先存在的东西，他出生后就必须自己构建自我的精神生命，建立对外表达的机制。婴儿这个弱小的生命甚至还不能支持自己脑袋的重量，就开始了如此重要的旅程。由学会站立到学会走路，婴儿逐渐地把自己融入到这个世界之中。

处于“精神胚胎”阶段的婴儿都是非常相似的。他们细胞的分裂通常要经历相同的阶段，因此我们可能很难找出一个胚胎与另一个胚胎之间的差别。但这些细胞却长成了蜥蜴、兔子、鸟等完全不一样的生物。也就是说，所有这些动物的胚胎开始都是一样的，到最后却又产生了巨大的差别。

从婴幼儿身心发展的特点可以看出，精神胚胎期的教育要着重培养其运用感官和肢体认识周围事物的能力；在积极的情绪交往中获得愉快的人际交往经验，为以后的身体、认知、情感、社会性等各方面的良好发展奠定基础。例如，感觉统合失调在0岁就会形成，而不会爬行的幼儿更容易产生感觉统合失调，因此我们应该注重对幼儿进行爬行的训练，而不仅仅把爬行当成可要不可要的达到行走的目的的手段。爬行不仅能够促进感觉统合，而且还锻炼了幼儿的手臂力量，促进大脑的发育，同时也培养了幼儿手脚的协调能力以及自我保护能力，等等。因此，爬行的意义对于幼儿很重要，我们应注重对其进行训练和教育。

0～3岁的幼儿所做的一切事情，都是为了生存的意义，他的大部分行为都具有破坏性。例如3～4个月左右的宝宝会出现咬手指的现象，这是宝宝智力发展的标志。1岁左右从混沌走向精致，分清物我，了解自己有了本体感觉，于是开始扔东西，这是幼儿为了显示自我能够控制外界事物的表现，可以发展幼儿对因果关系的认识，也是幼儿动作发展的需要。到2～3岁，幼儿开始说不，有了自我意识，开始想要控制这个世界，想要按自己的想法来做，这时候就到了幼儿足够显示自己能力的时候了，那我们就要顺应幼儿的天性，让他度过第一反抗期，这样才能让他成为一个具有自信的个体。

现代心理学研究表明，促进婴幼儿“精神胚胎期”的发育成熟有赖于丰富的社会心理刺激。许多实践表明，社会心理刺激是婴幼儿“精神胚胎期”智能发育的维生素，一般来说，给婴幼儿提供社会心理刺激应包括：

1. **“游戏”的刺激**

早期教育最忌讳父母强制灌输食古不化的知识，要针对婴幼儿喜欢玩耍的天性，通过游戏，教给他们知识，如搭积木、玩魔棍、剪纸等婴幼儿喜闻乐见的活动。在这些有趣的活动刺激中，不仅可以促进婴幼儿大脑皮层的兴奋，还可以增强婴幼儿的实践能力。

2. **“好奇心”的刺激**

好奇心是开发婴幼儿智能的先决条件，可以抓住婴幼儿的这一特点，讲述新奇的故事。有意义的故事情节能解决他们心中的问号和悬念，使他们学到新的知识，懂得更多的道理。

3. **“动作”的刺激**

婴幼儿时期的教育应以充分调动人体基本机能的眼、耳、口、手等训练为目的，通过耳听、目辨、手动的协调训练来刺激意识的发育。

4. **“语言”的刺激**

婴幼儿时期有待发展语言感知、运动能力及社会适应性等，其中最重要的是语言能力，语言能力一旦发展起来，其智能就会随之提高。

帮助孩子形成精神内涵

在儿童的精神胚胎期，教育就是帮助孩子形成丰富的精神内涵。

吸收使儿童获得了创造自己的结果，这个结果是精神的，包含着人类精神的全部内涵。它们分别是：生存的智慧；学习的智力；良好的思维形式；对事物的感受能力和表达能力；丰富的社会能力；良好的审美能力；对探索和学习的热情；良好的自卫能力；坚强的意志力。

儿童生活环境中的成人一般都是无限热爱儿童的成人，儿童也天然地爱着这些成人。这种爱会使孩子注意成人每一个微妙的动作，并将它吸收，同时吸收的还有：爱好、气节、性格等等，这些与儿童的特质一起形成了他的精神内涵。

有一个小女孩快四岁了，在幼儿园她有一个奇怪的现象，高兴时会又跳又蹦地走到一个所喜欢的人面前打人家一下，然后缩着肩膀笑着跑开，边跑边往后看，等待那个被打的同伴来追。更严重的时候会将别人正在做的工作破坏掉，将墙角的垃圾箱踢倒，抢别人的帽子，做完这些事后都会嬉笑地站在那里逗弄别人。老师多次给她建构原则，都不能成功。由于这类进攻性行为经常会侵犯其他小朋友的疆界，所以会遭到他们的反击，每当这时，这个小女孩就哭得极其伤心，而且别人打她的时候，她也不知道还手，总是站在那里恐惧地等着挨打。

发展到后来，她甚至不敢来幼儿园了。

经过分析，我们认为这个小女孩有可能是吸收了家庭某个成员的与人交往时的行为方式，在上幼儿园后便将这些行为方式用在和小朋友的交往方面。而实际情况是，她的爸爸经常用这样的方式去逗弄她，小女孩吸收了爸爸的行为方式后，在无法判断可使用这些行为的范围的情况下，就在小朋友那里去试，而试验带来的不良后果又是她无法理解、也无法承受的。

孩子不但会不断地吸收家庭成员的行为，也会不断地吸收身边其他人的行为。

孩子的吸收是一种天然的本能，他会不加分辨地吸收环境中的所有因素，将所有因素统合到自己的人格中，形成自己的人格状态。这是一种无意识的学习，这种学习状态到6岁的时候就基本结束了。

我坚定地认为，人生最重要的阶段不是大学，而是0~6岁这个阶段，因为人类的智慧和心理都是在这一阶段开始形成并逐渐定型的。

如果孩子需要吸收环境中的所有因素来形成自己的精神内涵，那么这个环境一定要具有可以使孩子吸收的材料。由此看来，孩子是遗传和环境的综合产物。遗传我们无法左右，环境却可以在人为的控制之内。这时，养育儿童的成人就要考虑：自己想让这个环境的产物成为什么样。俗话所说的“龙生龙，凤生凤，老鼠的儿子会打洞”，大概就是这个道理。假如我们把一条刚出生的龙交给老鼠抚养，它大概也会学会像老鼠一样地打洞吧！

在历史上，有很多人类的孩子被动物养大的案例，除了很多“狼孩”以外，从孩子们常看的《人猿泰山》的故事里，我们不难发现，人类的孩子是怎样吸收了猿的特质，最终成为一个猿人。因此，想让孩子成为什么样的人，就要为他预备什么样的环境。

第一，我们要为儿童准备一个丰富的、可供他们把玩的物质环境。成人建立家庭时往往考虑不到将来的孩子，完全按照夫妻双方的喜好选择家庭用品。如：对孩子而言巨大的沙发、茶几、酒柜、书柜、床垫、被子等等。这些是家庭的基本生活物品，家境富裕的可以买贵一些的，清贫的可以买便宜一些的，有了这些物品，成人生活就没有问题。但当孩子来到个家庭后，这些物品对他而言实在太大了，无法供幼小的他去探索去研究。所以，儿童就会只对厨房用品感兴趣，因为厨房用具正好是适合儿童把玩的尺寸，那里是家庭中形状、味道、质感最丰富的地方。遗憾的是，那里又是成人害怕儿童去的。

如果成人能够考虑儿童的触觉需要、视觉需要、味觉需要以及大小尺寸的需要，由这些方面出发去选择家庭用品，尽量让这些物品既适于成人，又适合于儿童，儿童就会具有一个丰富的刺激环境，获得丰富的感官刺激。感官刺激的多少决定了儿童将来思维发展的高低。由此看来，为儿童买过多的玩具不是最好的选择。另外，成人需要的整洁清爽也不适合儿童。比如有些家庭为了干净，墙上一片洁白，不挂任何艺术品，家里的地板、家具全是冰冷的浅色或深色，这也不适合儿童的视觉需要。儿童需要丰富的色彩和亮丽的颜色。

第二，儿童需要一个独立享用的工作空间。所有的物品，既要丰富，又要有秩序，在这样的空间中，儿童可以随意选择自己所需要的物品和工作方式。

第三，我们要为儿童准备适合于被儿童吸收的成人环境，成人的一言一行都会被儿童毫无选择的吸收，所以成人要将自己最好的一面呈现给儿童。

幼年的儿童需要一个安全、温馨的人文环境，他们通过视觉获得被接纳的信息，所以成人的身体语言也要非常注意是否适合于儿童吸收。家庭的人文环境又是由家庭成员的文化素养决定的。在准备抚养孩子之前，我们都要很好地提高自己的修养，以便为将来的孩子准备一个良好的人文环境。

敏锐而热忱的观察者

儿童天生就是敏锐而热忱的观察者，我们所以为的他们观察不到的事物，实际上他们几乎都看到了。

儿童是世界上最敏锐而且热情的观察者，他们内在的敏感性可以吸收到许多的影像，不光是物体的影像，也包括动作的，以及事物之间的关联性等等。我们可以把他们对这些事物的敏感性理解为一种内在敏感性的表现。即使只是感官对象，只要它们有足够的吸引力，就能够对儿童产生一种强有力的暗示，就会像磁铁一样引出各种各样的活动。这种内在的敏锐的直觉对儿童的心理成长非常有利，我们可称之为“喜爱周围的环境”。

不少父母都会发现，在婴儿期，孩子除了睡觉和吃奶，其他时间都在好奇地东张西望，似乎身边总有看不完的新奇物件，这种不知疲倦的观望，其实正是孩子开始观察的萌芽。此后，随着他年龄的不断增长，他的观察能力会越来越强，对事物的洞察能力也逐渐敏锐起来，同时对事物的好奇心也越来越强。

举例来说，有一个成人抱着一个几个月大的婴儿，他在餐厅里看到一幅画了许多水果的画。婴儿看着画，接着做出假装吃东西的样子。此时的婴儿还处于哺乳期，但是他曾经看过成人吃水果。抱着婴儿的成人看见孩子模仿得那么开心又很有兴趣的样子，就抱着他站在画前，一直到婴儿兴趣索然才离开。这个成人真是非常懂得教育的真谛，他知道孩子模仿着成人的动作，进行着内在的练习。同样我们可能也看到过，有的小孩看见大厅的芭蕾舞者的雕像后，会立刻翩翩起舞。这也是因为孩子曾经看到过别人跳舞的样子，所以他清楚地知道雕像的姿态就是跳舞的动作。

令人不解的是，许多成人坚信，一定要用鲜艳的颜色、夸张的手势和高分贝的声音，才能引起孩子的兴趣和关注。但又好像不是那么难以解释，成人之所以那么做，是因为他们还不了解孩子本身所具有的很强的观察能力，儿童通过观察可以吸收很多的影像，这些影像镌刻在儿童的脑海中，逐渐连成一个完整的事情发展的过程。也就是说，当我们还没有注意到的时候，儿童已经完成所有这些观察并吸收使之成为自身的一部分。

其实帮助儿童成长很简单，不必求助于复杂的观察或幻想的解释，但是必须要学会了解儿童的一些愿望和一些有关儿童的常识。从一些明显的例子中，我们就会发现这种观察是非常简单的。当婴儿还不能站立的时候，许多人都认为他总喜欢躺着。但是事实上，婴儿在他的环境中，是在从上到下的某个空间中，得到了他的第一个感觉印象，这些印象不可能是他盯着房间的天花板所能得到的。成人应该提供更多的机会让婴儿接触那些能满足他的心灵需要的东西。我们经常可以看到，父母为了把婴儿从单调的环境中吸引开来，就会把一些小的玩具等物品拴在绳子上，让它们在婴儿的头上晃动。婴儿其实一直在注意观察外界环境，但是由于他无法转动头部，就只好用眼睛盯着摇摆不定的物品，此时婴儿处于一种不自然的姿势，他看到的是没有规律晃动的物体，可以说，此时儿童所做的运动是不适宜的和有损害的。

比较好的办法是，把婴儿放在稍微倾斜的平面上，这样他就能看到周围的一切。更好的办法是，尽可能地把婴儿放在花园里。在那儿，他会看到鸟、花以及微微摇动的小草等更多自然的事物。

几乎每个孩子都是一个敏锐而热忱的观察者，他们特别容易被成人的行为吸引，并特别乐于模仿成人。因此，成人在这方面应当承担一种责任，即鼓励儿童去行动。这就像是成人打开了一部书，儿童就能够从中学习如何引导自己的行为。但是如果成人想要提供正确的示范，就必须始终平静地、慢慢地行动，这样观察着的儿童才能了解他行动的全部过程和所有细节。如果成人只是按照自己的习惯去做，虽然可以很快地完成所有活动，但是他不但没有起到鼓励和教导儿童的作用，反而把自己的行为习惯和模式强加给了儿童，并通过暗示的力量代替了儿童自己的观察学习。

有一天，我在课堂上发现有个男孩做事不够专心，于是单独给他讲了个圣经故事，希望用故事人物的美德和精神去打动他。

我十分投入地讲解故事，那个男孩的目光也随着书页的翻动而不断转移，这让我认为，男孩一直认真在听。然而读完之后，当我问起男孩对故事的感受时，他却莫名其妙地回答道：“你看，耶稣都睡着了。”这让我觉得很奇怪，于是问他是从哪里得到这样的结论的。

男孩把书翻到有耶稣像的一页，指着耶稣的脸，说：“喏，就是这个。”顺着孩子手指的方向，我吃惊地发现，这幅耶稣讲道的图画从孩子的角度看过去，眼睛低垂，确实有点儿像睡着的样子。

由此可见，孩子观察力的敏锐和独辟蹊径，是很多大人所不具备的。实际上，从婴儿时期开始，孩子就对漂亮的物体和鲜艳的颜色感兴趣了，1 岁之后，他开始对成人所不留心的小物件投入热忱的关注，用和成人截然不同的视角，对其进行观察，而这些观察会为他将来的学习和生活带来良好的影响。

正因为如此，我们一定要珍惜孩子的这种能力，让环境满足他的内在需求，在敏感期内保持住这种敏锐和热忱，同时正确引导他的观察和学习能力，以促进他更好地掌握知识，得到能力。

另外，孩子的观察力与我们成人的观察力在性质上也是完全不一样的。孩子们总是关注最微小的细节，在他们看来，大人们总是不够精确。由于我们不关注细枝末节，他们会觉得大人们总是这么迟钝和无能。时间一长，他们也许就不信任我们，就像我们有时候不信任他们一样。孩子和成人的思维方式不同，这也是孩子和成人不能相互理解的原因所在。

妈妈带着 15 个月大的小女儿去公园玩，小女孩坐在砖块上，一直开心地笑着，并且脸上一副惊喜的表情。小女孩的面前是一个美丽的花坛，花朵在阳光的照射下看起来非常漂亮，可是这个小女孩并没有看着花，而是一直盯着地面，妈妈感觉很奇怪，疑惑地走近她，并朝小女孩看的方向看去，可是地面上什么也没有。妈妈更是奇怪了，就问道："你到底在看什么呢？"这时候女孩转过头来很认真地说："看，东西……动。"顺着她的小手指，妈妈看到了一只很小很小且颜色与泥土一样的昆虫，它正在努力地往前爬呢。原来引起小女孩兴趣的就是这样一个我们大人毫不在意的小昆虫。

可以说，孩子到了 2 岁的时候，不再对漂亮的物体和鲜艳的颜色感兴趣，而对我们周围不注意的小物体却产生了兴趣。可以说，他对不显眼的东西或者我们成人很少意识到的东西敏感了。

需要父母注意的是，尽管孩子在敏感期内的观察力和学习力能够发展迅猛，但这种细致观察和敏锐学习的能力，并非在同样的敏感期内。每一种能力的获得都有特定的敏感期，因此想要利用好孩子的敏感性，父母需要针对孩子特定的敏感性发展来为其安排教育规划，以达到事半功倍的效果。

首先，父母应该认识到，并不是所有学习都是越早越好，有些父母为了不让自己的孩子“输在起跑线上”，从孩子刚刚会说话，就不加选择地教这教那，这不仅会让孩子无所适从，还有可能会扼杀掉他刚刚建立起的好奇心和兴趣，导致对学习产生排斥感。

明智的父母会针对孩子特定的敏感性发展来为孩子安排学习时机，比如两岁前锻炼他保持环境整洁，并掌握有规律的生活节奏；5岁前多引导孩子观察、体验，发展他的感觉系统，帮他更好地适应环境等。

其次，尽管作为一个敏锐而又充满热情的观察者，孩子会对刚接触的所有学习内容产生兴趣，但这并不意味着他喜欢父母为他安排的所有事，因此一定要注意观察孩子的表现，及时发现孩子的兴趣和关注点，并加以正确引导。

最后，要体察孩子的感受，有些父母为了让孩子学到更多知识，或掌握更多技能，往往急于向他灌输学习内容，这种做法往往会事与愿违。我们常会发现孩子莫名其妙地发脾气，或突然哭泣，其实这种现象有时可能正是由于他的需要没有得到满足，或者他对某种杂乱无章的安排表示反抗，此时父母就应该反思一下自己的行为了。

第三章

童年的秘密

如果我们将刚刚出生的婴儿和3岁的儿童进行比较的话，就会发现他们之间存在着那么巨大的差异，已经发生了那么剧烈的变化。这种剧烈的变化就是“童年的秘密”。儿童是传统的继承者、历史的承受者、文化的融合者以及通向和平之路的使者。我们所要做的就是帮助儿童发展，并使儿童的个体潜能得以充分的实现。

儿童的心理分析

尽管心理分析还很难解决生活中亟待解决的问题，然而它能帮助我们了解儿童世界里不为人知的一面。

心理分析开辟了一个迄今鲜为人知的研究领域，即探索潜意识的奥秘。也许我们可以说，心理分析完成了心理学以前无法做到的事，即通过意识来分析人们内心的秘密，这就如同人类最终到达了古人认为的天涯海角或是大力神海克力斯的石柱。如果说心理分析至今还无法控测潜意识的汪洋，那么就无法解释，儿童的心理是如何使我们对人类的问题有更深刻的认识。

众所周知，心理分析最初只是医学的一个分支，是治疗精神病人的一种手段。毫无疑问，它成功地揭示了潜意识是如何支配人的行动。人们用心理分析深入到潜意识层面，以对心理反应进行研究，从而发现导致那些反应的重要而又隐秘的原因。透过这些原因就能触及一个人思想中巨大的未知世界，正是这个未知世界与人的命运息息相关，不过心理分析还无法成功地探索这个世界。弗洛伊德由于他也与古希腊人一样持有一种偏见，这使他只局限于病理学的研究而未涉及对正常人的分析。

19 世纪，精神病学者查克特发现了潜意识。他发现，所有严重的精神病患者都把他们的潜意识暴露无遗，那情形就如火山爆发，沸腾的岩浆冲决地壳喷涌而出。这种潜意识与显意识形成奇妙的对比，这在当时仅仅被看做是一种症状。弗洛伊德在此基础上又向前迈进了一步，他利用一种复杂的技术发现了通向潜意识的途径。但遗憾的是，他所做的实验都局限于精神失常的人。想一想，有多少正常人会随随便便接受一次痛苦的心理测试呢？对他们的刺激程度决不亚于对他们进行一次心灵手术。弗洛伊德只是在治疗精神病人的过程中得出了他的心理学理论，因此，这些理论的产生主要源于他的个人经验，并且是基于对精神失常的病例分析。弗洛伊德看到了潜意识的大海，却未能探索它，而是将它描绘成了一个多风暴的海峡。

这就是为什么弗洛伊德的理论还不够充分，他治疗精神病人的技术还无法让人满意，并且治愈效果也欠佳的原因。正是那些传统的思想与经验的累积使弗洛伊德某些理论的发展形成了障碍，另外对于各种各样的潜意识只靠临床经验和理论推理显然也是不够的。

在潜意识这个巨大的尚未被开发的领域，需要新的学科和理念来加以充实完善。它们也许有助于我们通过研究儿童对外界环境的反应来透视他们心灵的发展历程，通过及早察觉儿童内心的痛苦挣扎来避免他们误入歧途，从而有助于我们对人类进行更深入的研究。

心理分析最惊人的发现是，一个精神病患者的病因可以追溯到他的婴儿时期。那些重新被潜意识唤醒的往事让人们明白：儿童恰恰是那些难以名状的痛苦的牺牲品。这一发现既令人兴奋，也让人困扰，因为它与人们普遍的看法完全不同。童年时受到的心灵创伤所造成的影响慢性而持续，可人们却从不认为它们是造成成年人心理疾病的潜在原因。这类心灵伤害一般由喜欢发号施令的成年人对孩子自然成长中不断施加的压抑造成。它通常与最能影响孩子的人密切相关，尤其是孩子的母亲。

我们应该认真区分心理分析的两个不同层次。其一为较浅的层次，它来自一个人的本能与外界环境的冲突。他必须去适应那种环境，而这又与他的意愿相违。类似这种矛盾冲突还是可以缓和的，因为他还能够在显意识中思考那些引起困扰的原因。然而还有一种更深层次的心理，需要人们不断加以探索。在童年的记忆中，有一种冲突不同于一个人与他所处的环境间的冲突，它是一个孩子与其母亲，甚至成年人之间的冲突。

后一类型的冲突在心理分析中很少涉及，所以也很难得到解决。人们也很少着手去解决这类问题，它们至多仅仅被当做引起疾病的原因。

现在人们已经认识到，不论治疗身体还是心理上的疾病，都应考虑患者童年发生的事。那些发生于童年时期的疾病是最严重、也是最难治愈的。也就是说，成年人的生活模式实际上很早就被确定下来了。

尽管身体上的疾病已引出医学上一些具体分支学科的发展，例如，胎教和婴儿保健，并且使社会更加关注儿童的身体健康。然而，人类精神方面的疾病却没有引发类似的进展。虽然人们现在已经认识到，许多成年人严重的心理障碍和他们适应生活环境的困难都起因于童年的遭遇，但是人们却没有尝试去缓解儿童的心理冲突。

没有解决这一问题的原因，有部分源于心理分析需要借助技术手段去探索潜意识。这些技术只适用于成年人，却无法用在孩子们身上。人们无法让一个儿童去回忆他童年发生的一切，因为他依然是个孩子。因此，与儿童打交道时，更需要的是观察，而不是打探。要注意的是，这种观察必须从心理的角度来进行，以此来发现儿童与成人和社会之间的冲突。显然，这种方法不需要心理分析的理论和技术，只需要采用“观察”这一新的视角来对待儿童及他们所处的社会环境。

这种观察方法无需对心理疾病进行艰难的分析，只需把握好儿童心灵中的现实生活是个什么模样，这包括他从出生时起的整个人生。然而，人们至今也没有谱写人类心灵发展的历程，没有描述过儿童在成长中遇到的障碍，还有与监护他却不理解他的成年人之间的冲突，也没有描绘过儿童那难以名状的痛苦、稚嫩心灵中的迷惑、毫无道理的失败和他们潜意识中的自卑。

心理分析给儿童心理发展的研究提供的帮助很小。而儿童心理研究却恰恰有助于心理分析的发展，因为它的研究对象是普通的正常人，其目的在于预防可能导致精神疾病的心理冲突，而心理分析所关心的也正好是精神病的防治。

就这样，一个能够科学探索儿童世界的新领域诞生了。它与精神分析既类似又有所不同。它的研究对象是正常人而不是精神失常者，而且它将致力于透视儿童的精神生活。它的目标是使人们更多地了解儿童，并敦促人们改变对待儿童的错误态度，让他们意识到这些错误正是自己潜意识所造成的。

儿童正是作为一种精神上的存在而不仅是肉体上，才给人类的发展提供了强大的原动力。也正是儿童的精神，决定了人类发展的进程，并有可能把人类引向更高级的文明。

近年来，我们这一社会在儿童护理和儿童教育方面取得了十分惊人的进展。这些进展主要归功于人们心灵不断自我觉醒，而不仅仅是生活水平的提高。首先，起步于19世纪90年代的儿童健康保健已经取得了很大发展。其次，在儿童个性研究方面，人们也得到了许多新的重要启示。

当今，不论从事医学、哲学还是社会学的任何一个分支的研究，如果不涉及儿童问题，其研究就很难有所进展。打个比方来说，儿童问题的研究对这些学科的启发，要远比胚胎学对生物学和进化研究的启发更大。之所以关于儿童的研究如此重要，是因为他们能触及人类的所有难题。

儿童正是作为一种精神上的存在而不仅是肉体上的存在，才给人类的发展提供了强大的原动力。也正是儿童的精神，决定了人类发展的进程，并有可能把人类引向更高级的文明。

瑞典作家艾伦·凯甚至预言，未来的世纪将是儿童的世纪。

这些预言性的表述也许充分反映了19世纪90年代科学发展而引发的思考。此时此刻人们才意识到，儿童正遭受传染病的侵袭，其死亡率比成人高出10倍之多，他们在学校里也忍受着苛刻的责罚。

但是没有人能够预知，在儿童的世界中是否隐藏着某些至关重要的奥秘，它能揭开人类心灵的面纱。还有儿童的精神中是否蕴含着某种力量，一经发现就能有助于解决成人自身和社会中的某些难题。只有发现了这些奥秘与力量，才能奠定“儿童研究”这门新学科的基石，而它也将对全社会产生深远影响。

童年的经历影响一生

很多人成年后所出现的生理和心理疾病，很大程度上都可追溯到童年时期所遭遇的挫折和创伤。

如果把一块石子扔进平静的湖面，便可引起涟漪。这使我想到了心理疾病的起因。事实上，世界上很多事情的发生和变化都可以追根溯源，人的心理特征形成也是如此。一个人即使活到了耄耋之年，他的很多行为和经历也会和童年有着密切的关联，这包括病态心理的形成。

目前，人们都已经形成了一个基本的共识，即无论治疗身体还是心理上的疾病，都必须把患者童年的经历考虑进去。因为那些在童年时期遗留下来的疾病是最严重和最难以根除的，换种说法，成年人的生活方式其实在他很小的时候就已经被确定了。

很多父母会觉得这不过是危言耸听，他们认为在孩子的心理和生理没有完全成熟之前，他是不会将所有事情都记住的。这种想法不无道理，然而在孩子有所选择的记忆内容中，他往往更容易将童年时期所遭受的意外刺激记得更牢，甚至导致病态心理的形成。

有这样一个中年人，他常常受到噩梦困扰，在梦中，总是会有一条毒蛇，或者缠绕他的双脚，或者朝他吐着红芯，穷追不舍地追赶他。他找到心理咨询师，通过详细的咨询了解到，原因居然是他7岁时有过这样一次经历：他和几个孩子一起外出割草，正当他用手左右拨开一丛茅草时，突然蹿出一条青灰色的蛇，他顿时吓得大哭，回去的那天夜里就开始发烧，并患了一场病。从此，他不仅变得胆怯，而且蛇也成了他心里的一块疙瘩，总在梦中惊吓他。

为什么会出现这样的状况呢？这是由于儿童时期的心理尚未成熟，人格也未得到完全独立，因此在面对外来挫折的时候，往往缺乏足够的抗拒能力，由于当时的情感体验没有得到合适的抒发，就此构成心理压力并沉淀下来，成为挥之不去的心理创伤。

心理分析家在探究心理疾病的根源时肯定要经历漫长的路程，就像寻找尼罗河源头的那些探险家一样，必须长途跋涉，越过一些大瀑布，才能到达向这条河供水的大湖的平静源头。试图探索人的心灵弱点和失败原因的那些研究人员也必须越过直接的原因，跨过已经意识到的和可以理解的原因，才能到达作为源头的平静湖泊，那就是儿童的心灵。

但是，如果我们希望沿着相反的方向旅行，如果我们对从原始社会写起的人类史感兴趣，我们也可以从童年早期的平静湖泊开始，沿着奔流不息的生命之河进行探索，河水从泉眼涌出和从高山流下，在它的困难行程中弯弯曲曲地穿过障碍和飞下深渊，除了它停顿下来使水流不再更汹涌之外，它是完全不受约束的。

童年的心灵创伤可影响一生。这个发现既让人感到痛心，同时又让人感到鼓舞，因为它与人们最普遍的认知完全不同。其实，除了儿时所受到的意外惊吓外，更多的心灵创伤则是来源于父母，有些是因为父母的忽视和冷漠，也有些是由于家庭生活的动荡不安，这些更容易让孩子成年后罹患种种疾病。也就是说，一个人的心理特征，不仅源自于他的童年记忆，更受影响于他的父母。

既然如此，作为父母，如果不想让孩子成年后受到童年心理创伤的影响，那么就应该时刻关注孩子的心理健康，了解孩子心理发展的特点，重视关键期的教育，正确引导孩子的心理发展。

父母只有从小鼓励孩子独立思考，帮助他理解一切行为和结果之间的关系，给予他充足的爱，为他创造一个安定、温馨、内心丰富的家庭氛围，同时小心地保护孩子，不让他在精神和感情上受到伤害，他才能最终拥有良好的心理素质，为将来的工作和生活奠定良好的基础。

儿童问题是一个社会问题

人类社会应该给予儿童最周到和最好的关怀，父母所做的，也不应该仅仅是赋予孩子生命。

随着第一个维护儿童权利的社会运动的出现，儿童问题已引起了社会的极大关注。但这个社会运动是自发产生的，既没有发起者，也没有指导者。它本身就像一座火山，一旦爆发，岩浆将会向四面八方喷发出来。

在相当漫长的时期里，文明取得了进展，服务于成人的法律也得到了改进。但是，儿童仍然没有得到任何的来自于他所生活的社会的保护。对于儿童来说，他所得到的仅仅是他所出生的家庭提供的物质、道德和智慧上的帮助。如果一个儿童的家庭没有财力，社会丝毫不感到对他有任何的职责。一直到现在，社会从未要求家庭应该做好准备，以便恰当地关怀自己孩子的成长。国家在制定官方文件时，对最细微的条文细节如此谨慎，对有关它的权力的条文如此热衷，但是，对未来父母保护子女以及为他们适宜的发展提供条件的能力上却毫不关心。与成人已经得到的大量的利益相比较，儿童被认为不属于人类社会的，并一直处于被流放和被遗忘的状态。社会没有意识到儿童是受害者。然而，他们确实是受害者。

实际上，大约在半个世纪以前，即使一个家庭生育很多孩子，但也只有相当少的孩子能活下来。幼儿的死亡在那个年代被看作是很自然的事情，以致于家庭常用以下这种想法进行自我安慰：他们的孩子直接去了天国。那么多的婴儿死于无知和缺乏适当的照料，以致他们的死亡被看作是十分正常的。这是多么悲哀的事情。

终于有一天，人们从昏睡中惊醒过来了。一场旨在提高人们意识的和激发父母良心的运动广泛地开展起来了。父母们被告知仅仅给予子女生命是不够的，他们还应该保全子女的生命。科学已经告诉父母应该如何去做，他们必须受到必需的教育和获得新的知识，以便给他们的子女以适当的照料。

但是，儿童并不仅仅在家庭里才遭受痛苦。在学校中的调查也揭露了儿童所遭受的痛苦。在 19 世纪的最后 10 年中，医学发现和研究工人中的“工业病”，为社会卫生学打下了基础。人们发现，除了缺乏卫生知识所导致的传染性疾病之外，儿童也有类似的“工业病”。

儿童的工作是在学校里进行的。在那里，他们必须承受社会所强加给他们的痛苦。由于长时间努力阅读而光线很暗，儿童得了近视。由于长时间被限制在狭窄的和拥挤的地方，他们的身体变得衰弱了。

然而，儿童的痛苦不仅表现在身体上，也表现在精神上。强制的学习导致了儿童的沉闷、恐惧、厌倦和精力的耗竭。他们变得懒散、沮丧、忧郁、染有恶习、缺乏自信和失去童年的欢乐。

在学校儿童中所做的一些调查揭示了一些有趣的事实。许多儿童到学校时，已经因为早晨劳动而弄得疲惫不堪。在上学之前，有些儿童已经走了好多英里给住户送牛奶，或在街头出售报纸，或在家里劳动。因此，他们到学校时既疲倦又饥饿。也就是这些儿童常常由于不注意听课和未能理解教师的讲课而遭到惩罚。教师出于他的责任感，更多的还是出于他的权威感，企图通过惩罚以唤起儿童的兴趣。他用威胁的手段强制儿童服从，或者通过在他的同伴面前指责他能力低下或意志薄弱来羞辱他们。这样不幸的儿童因在家里受压制和在学校里受惩罚而耗竭他们的精力。

这些早期的调查揭示了如此不公正的情况，确实激起了社会的强烈反响。学校进行了改革，有关的规定也迅速作了修改。医学的一个新的和重要的分支出现了，那就是学校卫生学。它对所有文明国家的学校改革产生了有益的影响。医生和教师一起为学生的健康而工作。我们可以说，这是社会第一次对原来在人性上的无意识错误的改正，标志着对儿童作出社会性补偿的第一步。

回顾这个最初的觉醒并追随整个历史的进程，我们无法找到任何承认儿童权利或意识到他的重要的证据。成人迷恋于把儿童纳入他们自己的生活方式，把他们自己作为儿童的完美榜样。他们身上所存在的如此惊人的盲目性似乎是完全不可治愈的。人的心灵中这种盲目性已成为一种普遍的现象，也许像人类一样古老。

社会就像一列高速朝着某个遥远的目的地前进的火车，构成这个社会的个人可以比作在车厢中熟睡的旅客。他们那处于睡眠状态的良心是真正的社会进步的最大障碍。如果情况不是如此，那么，在运输工具日益加快的速度和人的心灵日益增强的尊严之间就不存在这种危险的差异，社会就能迅速地进步。走向社会改革的第一步，也是最困难的一步，唤醒正在沉睡中的和失去感情的人性，强迫它听听正在召唤的声音。

教学制度逐渐偏离了社会生活，看起来好像社会生活里的问题与学生毫无关系。教育的世界就像一座孤岛，好似这里生活的人已经完全与世隔绝，并且准备就这样一辈子隔绝下去。假如一个大学生感染了肺结核后死亡，在他生病的时候，大学——这个他生活的圈子没有给予他关心，也没为他的遭遇感到难过，而这些情绪在他的葬礼上突然出现，这不会让人感到奇怪和悲哀吗？有相当一部分的学生进入社会后惶恐不安，不仅不能自力更生，甚至还成了朋友和家庭的负担。即便如此，我们也不能指望教育机构里的人能认识到这一点，他们这种无所谓的态度已经从各种规则中得到充分的证明。这些规则禁止教育考虑心理因素，它们只负责组织学习以及考试，通过考试的人可以得到文凭和学位。现今社会，这些便是在学校教育中所能取得的最高荣誉。同时，研究社会问题的学者也发现，大学毕业生以及获得了学位和文凭的学生对进入社会后的生活毫无准备，不仅如此，他们能有效参加社会工作的能力也大大降低了。有数据显示，精神失常者、罪犯以及所谓的“狂躁分子”数量大幅增加。社会学家呼吁学校应对这些严重问题进行补救，但校方丝毫不关心这些问题。作为一个非常古老的机构，学校不愿意改变它原有的路线和传统。只有外界的压力才可以对教育造成的缺陷和错误进行改变和补救。不合理的教育会对学生造成非常大的伤害。

那么，从婴儿出生到六七岁这一阶段又是什么情况呢？所谓的学校对这一阶段根本不感兴趣，因此便有了学前教育。也就是说，官方教育机构完全把这个阶段排出了它们的体制。不过，刚出生的婴儿在学校真正能做的有什么呢？不管在哪里，为学龄前儿童设立的教育机构，很少依靠政府的官方教育机构，而是由非官方机构管理的。这类私人管理模式一般具有慈善目的。目前社会上还没有将保护儿童的心理作为社会问题来关注。此外，社会一致宣称年幼的儿童只属于他们的家庭，而并不属于政府。

现在婴儿出生后最开始的几年确实已经受到关注，不过在这一阶段究竟应该采取哪些实际措施，还没有人给出建议。目前为止，所有人都只表示应该重视家庭教育，他们认为对母亲进行训练是很有必要的。不过，家庭毕竟不是学校的一部分，它属于社会。因此，儿童的个性或者对儿童个性的关注便被隔离开了。首先，家庭作为社会中独立出来的一个个体，却被社会忽略了；其次，学校也与社会完全隔绝了；最后，连大学也跟社会断了联系。在这一点上，既没有统一的概念，也没有社会对生命的关怀，只有被忽略的各种因素。在这一问题上，人们时而求助于学校，时而求助于家庭，时而求助于大学，这些方法是连续性的或是可选择性的。而大学也仅仅被当作整个教育的最后一个阶段。一些社会科学，比如社会学、社会心理学，已经认识到了这种隔离带来的弊病，但他们的研究尚未进入学校。所以说，目前还没有一个可以为人的发展提供真正帮助的系统。如我所说，教育有助于人的发展不是一种新的概念，但这个概念在社会结构中依旧没什么地位。人类文明应该尽快采取下一步措施，而接下来的所有步骤都已经规划完毕。批评家轻易就能指出我们现在所处环境的不足，研究人员也已经非常清楚人生的不同阶段都需要采取怎样的措施。因此万事俱备，只欠东风——我们要做的便是逐步填满这些空缺。现在的研究成果正像一块块从采石场采来的石头，我们要做的就是把它们堆放到需要的地点，为人类文明筑起一座新的房子。

儿童的内心世界

儿童并不缺乏物质方面的营养，在心理方面却难以得到最好的照顾。

人格特质是指个体所具有的神经特性，它支配着个人的行为，使个人在变化的环境中给予一致的反应或行为。人格特质不仅包括智力和外形上的特性，还包括将两者结合后的表现，而这种综合表现从心理学上是无法解释的。

对于孩子的活动过程，我们可以用一幅曲线图来表示：画一条平行线，平行线表示孩子处于休息状态，平行线以上的部分表示孩子有纪律的活动，平行线以下的部分表示孩子在随意玩耍或没有规律的活动；曲线的方向则表示时间的长短，而曲线和平行线之间的距离表示活动的程度。用这样的方式，我们就可以将孩子的每一个活动用图形清晰地显现出来。

下面介绍一下“儿童之家”的老师是怎样用这种方法来测量孩子的活动的。

当孩子进入教室后都会先安静一会儿，然后才开始做事。所以，曲线是先向上画出，说明孩子是在有规律地活动。孩子玩累了，活动开始变得有点混乱。这时候曲线就被画到水平线以下，一直下降到他的活动没有规律的部分。接着，孩子会玩一个新的游戏。比如，孩子会先玩带孔的积木，接着拿起蜡笔，认真画一段时间，过了一会儿，他又去逗弄坐在旁边的小朋友。我们知道这时的曲线就该再一次画到平行线的下方了。后来这个孩子和小伙伴吵架，这时候的曲线将继续停在平行线的下方，表示活动没有规律。再后来孩子觉得玩累了，他随手拿起玩具玩来玩去，觉得挺好玩，于是渐渐专心地玩了起来。等到孩子玩烦了，又不知道接下来要玩什么的时候，他就很不开心地走到老师的身边。

他的活动曲线虽然无法显示出孩子是怎样玩一种东西的，但“儿童之家”里大多数无法专心的孩子，都与活动曲线的描述很吻合。在一般情况下，孩子不能把注意力集中在一件事情上，总是漫无目的地玩会儿这玩会儿那，把老师准备一天用的玩具不一会儿就玩遍了。孩子这种毫无秩序的行为，在“儿童之家”是很普遍的。

没过多长时间，“儿童之家”的老师又重新替这个孩子画了一张活动曲线图，发现他有了些专注的表现。从孩子的这张活动曲线图上，你可以清楚地看出孩子的活动状况。

针对上面的那种情况，应该通过怎样的方法和途径来处理呢？一个容易心软而且对心理学理论稍微有点有了解的老师会认为，在日常的练习上，孩子已经花费了很多的时间，他们肯定是累了。所以，为了让孩子好好休息休息，老师会带孩子们到操场上去玩会儿。等孩子们在操场上玩耍了一段时间以后，老师再把孩子带回教室。此时，孩子们比没出去玩之前更好动，更没有办法专心完成老师交代下来的任务，孩子们会从一种游戏换到另一种游戏中。其实在这个过程中，孩子出现了“假累”现象，而且这种现象会一直持续下去。

在上述情况下，很多老师都不会认为自己是错的，都会以为自己是为孩子着想，孩子没有理由不对自己的选择感到满意，而事实上，这种做法确实是错误的。

我们知道，孩子做事情都是随性而至，玩了一会儿之后，他就开始烦躁起来。教师对此常常感到无可奈何，他们感觉自己用尽了各种办法，可是似乎没有一个办法管用，孩子不但无法继续做原来的事，现在反而变得更加不安起来。这些老师努力地迎合着孩子，希望孩子们安分地完成自己手上的工作，可实际上他们对孩子缺乏信心，并没有尊重孩子的权利。这些老师虽然尽心尽力地制定着每一项教学计划，但是他们没有意识到，经常性地指导孩子做事，不仅不会帮助孩子，反而会阻碍孩子的发展，妨碍孩子天赋本能的发挥。

如果教师能够尊重孩子们的自由，对孩子有信心，相信孩子自己可以完成自己的事；如果教师能够把自己的想法放在一边，不要求孩子一定要按照他的想法办事；如果教师能够谦虚一点，不要以为孩子的想法总是不可行的；如果教师耐心一点，我相信，他一定会看见发生在孩子身上的奇迹。

还有一点值得注意，新选择的活动必须能够吸引孩子的全部注意力，使孩子全身心地投入其中，万不可使重新选的活动比之前的容易，否则，孩子的心情会更加不安、更加不能平静。当完成工作之后，孩子的两眼会闪闪发光，看起来，平静又充满了活力，似乎有了新的动力。

休息的真正含义是什么呢？

对我们来说，休息并不说明我们要完全松懈不动。当我们静止的时候，全身的肌肉会比较僵硬；而只有真正放松的时候，身体才能得到歇息。这样说来，我们只有从大脑智慧的劳动中，才能获得精神上的平静。

然而在生活中，我们不得不承认这种现实：我们对孩子的教育方式很糟糕。不按照孩子内在发展的需要，总是要求孩子必须服从某个人，不给孩子发展其潜能的机会，试想，在成人的强行要求下，孩子怎么会成为自己的主人呢？其实我们真正该做的，是引导孩子找到那条通往他内心世界的道路，而不是一再使孩子受挫。

孩子在上课时专心听讲就不会和同桌说话，这样也就能发自内心地遵守课堂纪律。在教学上很成功的老师都有着一套与孩子沟通的特殊方法。举个例子来说：孩子注意力集中了，就能从“工作”中得到平静，也能自发地去遵守纪律。在教学方式上得法的老师，都会延伸出一套特别的沟通方式。例如，一位老师可能会问另一个老师：“你们班上孩子们最近表现怎么样？在课上还说话、有小动作吗？”那位老师可能回答：“嘿！你记不记得从前那个很淘气的小男孩？现在在课堂上特别遵守纪律。”用这种方式与孩子沟通的老师，他对孩子接下来的发展大多已经心中有数。

老师的一句话也许就能让孩子变得很守纪律，一个能够自律的孩子就这样走上正常心理发展的道理。能够自我约束的孩子会变得习惯工作，就算没事可做、不知道如何是好的时候，他整个人看上去也都是充满活力的。

孩子越是能够掌控自己，自律地工作，“假累”的时间也就会越短，工作结束后平静的时间就会增长。虽然这段时间里工作好像已经结束，但是另一项观察外在世界的工作在孩子的脑子里才刚刚展开。他在观察发生在周边正在发生的事情，并在脑子里对这些事情进行加工思考，从而发现一些新的情况。

孩子要达到专心，需要经历三个步骤：第一步，准备好具体目标的工作；第二步，满足孩子的内在发展要求；第三步，解答疑问。有了这三个阶段，当孩子心里的疑惑有了答案的时候，他的外在表现就发生改变，因为孩子能领悟到他从来没有经历过的事情。孩子会变得非常听话，而且他所表现出来的耐心几乎使人无法相信。更让人惊讶的是，在这之前并没有教过他做事需要耐心。

我们知道，如果孩子的平衡感不好，他就会因为害怕跌倒而不敢向前迈步，更不敢随随便便挥动他的胳膊。但是孩子一旦学会了保持平衡，他就要跑，要跳。同样的道理，孩子的心理发展也是如此。精神上“不平衡”的孩子是没有办法专心思考的，同时他也不能控制自己的行为。如果这个孩子不能依照自己的意愿行事，他又怎么能够听从他人的话语呢？此时把他人的意志强加给他，对他来说就是一种折磨。服从是一个精神上的敏感，内心力量的表现。生物学家认为，一个人需要拥有极大的力量才能适应环境。生物学家所指的这个力量是什么呢？其实就是一种让人顺应自然规律，试着融入周围环境的重要力量。实际上，这种力量早已存在。

孩子不仅要得到健全的发展，还要在精神上达到平衡，只有这样，他才有能力去服从别人。自然界中，只有强者才能适应环境；同样的道理，只有在精神上坚强的人，才懂得顺应和服从。因此，我们必须倾听孩子内心的声音，走进孩子的内心世界，尽可能地让孩子按照他的天性发展，只有这样，孩子才能够茁壮成长。

儿童行动的节奏

大人的干预行为并不能满足儿童最基本的心理需要，反而本末倒置，成了儿童自然发展的最大阻碍。

有时候，成人对儿童恼羞成怒，不仅是因为他们觉得儿童所做的事没有价值和意义，还因为儿童行动的节奏没有跟他们合拍。

行动的节奏，是一个人独有的行为特征，就像每个人的体型都不尽相同一样。举例来说，当我们跟身体局部瘫痪的人并行时，就会感到非常痛苦；同样的，当我们跟中风病人举杯饮水，他们缓慢的动作与我们轻松自如的行动形成的强烈反差，也令我们感到难过。遇到这些情况，人们便忍不住用自己的节奏去代替他人的节奏，表面上看起来是为了帮助他人，其实是为了让自己摆脱痛苦。

同样的道理，大人对儿童的做法也是一样的。大人潜意识里阻止儿童缓慢、笨拙且效率低下的活动，就像他不得不驱赶烦人的苍蝇一样。然而，大人愿意接受儿童的节奏强烈或迅速的活动。比如，大人能耐心容忍活泼儿童将环境弄得混乱无序，因为大人发现事情是清晰的、可理解的，儿童有意识的行为是可以被大人控制的。而当儿童的动作显得缓慢时，大人就感到必须干预，从而用自己的节奏代替儿童的节奏。

儿童需要使用他们的双手，这是他们工作本能的一种表现。如果大人不理解这一点，就会给儿童的工作本能造成一定的障碍，影响儿童的发展。对儿童的发展造成障碍的原因，不仅仅是大人的防御心态作祟，还有其他因素，如大人的自然法则，即“效益至上法则”。

大人每做一件事情，通常都会先明确自己行为的外在目的，然后才根据想法制定行动方案。大人往往采取最直接的方法，在最短的时间内实现最大效益。如果大人看到儿童试图做某些没有成效或幼稚的事情，或者看到他们走弯路，就会为他们感到痛苦，并不由自主地去帮忙。

儿童对琐碎或貌似毫无用处的东西往往存在着很高的热情，但大人却认为这是十分可笑的，甚至觉得儿童的行为难以理解。如果儿童发现桌布放得不端正，就会分析桌布的铺法，尝试用记忆中的方法把它摆正，即使速度较慢，却仍然会投入全部精力与热情。

儿童心理学研究发现，儿童心理的主要任务是记忆。把一些东西整理好，会让处在发育和成长阶段的儿童很有成就感。即使没有大人的帮助，儿童往往也会把事情做好。如果儿童要自己梳头而遭到大人反对，他就会感到不高兴，甚至会产生挫败感。然而，大人的思维却是想尽快高效地完成这项活动，这就是儿童和大人的思维差别。

儿童想自己梳头的这种自我尝试对他的发展十分有益，大人却拿过梳子想要代劳，儿童会觉得大人是一个强有力的无法抗衡的巨人。同样，儿童在尝试穿衣或系鞋带时往往也会遭到大人的阻止。大人阻拦儿童的所有想法，甚至会为儿童的某些行为而变得恼怒不已，因为大人认为儿童试图进行一些毫无必要的活动或是破坏活动。

从以上儿童和大人的心理分歧上来看，大人需要接受一种新观念，那就是：儿童具有一定的节奏感，而这种节奏感不可随意改变。

事实上，只要弄清楚一个问题，就可以揭示出教育的根本，这个问题就是：我们怎样让孩子自由？

只要遵循了自由的原则，就能为孩子设计出一套科学、有利于健康成长的方案；只有在一种自由的环境下，人的头、鼻子、耳朵的发育才能达到最完美的状态，而他走路的姿态也将在先天能力的驱使下达到尽善尽美。只有自由，才能使孩子的性格、智力和情感得到最大限度的发展。

母亲们感到最棘手的问题是：孩子哭闹时，我们该怎么办？而实际上，她们会惊奇地发现，不用做任何努力，过一会儿孩子的哭声就会减弱下去直至完全停止。她们甚至还发现，那些 1 岁大小的孩子，在喂奶的间隙也显得十分安静，脸蛋红润，眼睛睁得大大的，他们是那样的安宁，就像大自然刹那间静止了一般。

孩子为什么会不断地哭闹呢？这些哭声实际上是痛苦和饥饿的讯号，然而，世界对这些哀哭的小东西竟感到无能为力，他们被包裹在层层襁褓之中，有时还被交给一个不能胜任看护工作的小孩照看，他们没有自己的房间，也没有自己的床。

是科学拯救了孩子们，并为他们创造了保育室、摇篮以及合身的衣服，工业文明为断奶后的幼儿准备了卫生的食物，卫生学专家为他们提供了营养食品。一句话，他们有了一个完全崭新的世界，这个世界充满智慧与欢乐。孩子成为自己生存权利的主人，这一切应归功于卫生法规的推广。

这一切让我们明白，应该允许孩子有精神上的自由，因为自然的创造力比我们更能塑造他的精神。当然，这并不意味着我们要忽视孩子的精神世界，甚至可以放任自流。事实上，反省我们所做的一切就会发现，虽然我们不能塑造孩子独特的性格，不能对他的智力和感情给予直接的影响，但我们却有许许多多的职责与关心，很久以来，我们忽视了这些职责，孩子们在精神上所表现出来的某些畸形，正是由于我们忽视了自己的职责造成的。因此，家长要明白：自由并非放任，而是引导我们从幻想走入现实，指导我们积极有效地照顾孩子。

令人宽慰的是，如今的许多母亲已经接受了这一观念，了解到那些所谓对孩子好的做法恰恰最伤害孩子。

成人和儿童的工作

儿童是一个工作者和生产者。虽然他不能参与成人的工作，但是，他有自己的工作。

成人的任务是构筑一个超自然的环境。他必须用他的活动和智慧努力进行的体力工作，我们称之为“生产劳动”。通常，这种劳动是社会性的、共同的和有组织的。人在社会中工作肯定是有既定目的的，但他同时也必须遵循有组织的社会规范。这些规范是人们自愿遵循的，以达到共同的目的。因为他们认识到，这样的规范是有秩序的和有成效的社会生活所必需的。但是，除了那些社会生活所需要的规律和作为世代相传的文化源泉的规律外，还有其他的规律，它们隶属于人的自然本性。这种基本规律对所有人和所有时代来讲都是共同的。在所有的生物中可以发现的规律之一，就是劳动分工的规律。在人类中间，它是必不可少的，因为他们生产不一样的东西。与个人工作者有关的还有另一条自然规律，那就是劳动效益的规律。遵循这条规律，他总是试图获取最大的生产效率而付出最少的精力。这是一条最重要的规律，与其说它表达了尽可能少干活的愿望，还不如说人希望能以最少的努力生产同样多的东西。这条规律适合于替代人的劳动的机器。

所有这些社会与自然规律都是有效的。但是，它们并不能普遍地适用，由于人能支配的物质资源和生产的财富是有限的，他想使自己富有的愿望就产生了竞争。在野兽那里也可以发现，它们为生存而进行的搏斗随之而产生。

除了这些自然的冲突之外，还会有由个人的心理畸变所导致的其他冲突。于是，剥削他人的劳动取代了劳动的自然分工。劳动效益的规律致使有的人强迫其他人劳动，并说：“让他们去劳动，我自己可以从他们的劳动中得到好处。”因此，在维护财产权的伪装下，这样的说法使得剥削他人的劳动成为一种原则而确立起来了。

儿童本质上是生活在成人之中的自然人，但成人很少考虑到他的存在。他与成人的社会活动毫不相关；他自己的活动也与社会生产毫不相关。我们必须相信这个事实，儿童不可能参与成人的社会劳动。

如果我们把体力劳动描绘成铁匠使用沉重的锤子敲打铁砧，那儿童显然不能从事这种劳动。如果我们把脑力劳动描绘成科学家在一项困难的研究项目中使用精密的仪器，那儿童显然也不能在这方面作出任何贡献。也许，我们可以想到一个立法者正在制定最好的法律，那就是：儿童从来也不可能替代成人。

因此，儿童与成人社会基本上是不相干的。对于成人在自然之上所建立的那个人为世界来说，儿童是一个陌生人。在儿童诞生的那个社会中，他是一个超社会的人，不能使他自己适应于社会。他既不能参与它的社会劳动，也不能参与它的社会组织，甚至可以说，他是这种既定的秩序的破坏者。儿童是一个不合群的人，因为他一直打扰成人，在他自己的家中，他是一个混乱的根源。儿童天生具有好动的特性，使他对成人环境产生不适应，但他生来就不会放弃这种特性。

于是，成人拼命压抑儿童。成人教导儿童不要干扰或烦恼他们，直到儿童被驯服为止。就像一些违反社会法律的成人被关在监狱里一样，儿童也被送进托儿所或学校中。成人驱逐儿童到流放地去，直到他能平静地生活在成人世界中。只有到那时，儿童才可能被接纳进社会。但是，他首先必须像一个被剥夺了公民权的犯人一样服从成人。对于成人社会来说，儿童甚至是一件没有价值的东西。所以，最重要的是，成人是儿童的主人和君主；儿童必须永远无条件地服从成人的命令。

儿童一无所有地来到了他的家庭。对儿童来说，成人像上帝一样伟大和强有力，儿童必须从他那里获得生活的必需品。成人是儿童的创造者、统治者、监护者和惩罚执行者。从来也没有一人像儿童依赖成人一样完全地和绝对地依靠另一个人。

新生儿孤弱无助、没有意识、不能说话不能站立，但他以完美的形式最终成长为一个成人。如果他的心理生活通过所获得的一切而变得丰富起来，并闪烁着精神的光芒，那是由于他曾经是一个儿童。只有儿童才能成为成人。成人在这个过程中不能替代儿童。与儿童被排除在成人的超自然的社会秩序之外相比，成人更明确地被排除在儿童的“世界”和“工作”之外。儿童的工作截然不同于成人的工作，属于另一种秩序。事实上，人们甚至可以说它们是相互对立的。儿童的工作是无意识地完成的，因为他还没有使一种神秘的心理能力主动地参与创造。但它实际上是一种创造性的工作，它使人想起《圣经》中对正被创造出来的人的描述。但人是怎样创造出来的呢？原来一无所有的人是如何通过所有的创造获得智慧和力量的呢？在每一个儿童身上，我们可以看到这件惊人的事情的所有细节并对此表示赞美。我们的眼睛每天都在注视这种奇迹般的景象。

人一旦获得了生命，在人最初诞生时所发生的事情都会在所有人的身上再现出来。我们发现，在维持生命的永恒来源中没有一件东西是枯萎的，每件东西都是更新的。因此，我们可以不断地重复说：“儿童是成人之父。”现实清楚地表明了这一点。成人所有的力量都来自“成人之父”去完成秘密使命的潜能。使儿童成为一个真正工作者，也就是说，儿童不会仅仅靠休息和冥想而发展成一个成人。相反，他积极地从事工作，通过不断的行动在进行创造，我们还必须清楚地意识到，他也是运用成人使用和改造的同一个外界环境在进行这种工作的。儿童通过运动得以生长。他那建设性的努力构成了一种在外界环境中发生的真正工作。

儿童通过运动使他自己获得经验。因此，他学习协调自己的运动，并培养他在与外部世界接触时所体验到的情感。这一切有助于他的智慧的形成。通过集中注意地听别人说话以及作出他自己有可能作出的初步努力，他勤奋地学会了如何说话；同时又经过不倦的努力，他成功地学会了如何站立和奔跑。在生长的过程中，儿童就像任何最认真的学生一样遵循一个课程表，如同星星也是按照同样不变的恒性沿着无形的轨迹在运动的。事实上，在儿童发展的每个阶段，我们都可能侧量儿童的身高是否达到预定的标准。我们也知道，儿童在5岁时会达到某一个智力水准，在8岁时又达到另一个智力水准。由于儿童将服从自然为他所制定的计划，我们也可以预测在10岁时他的身高将是多少，他的智能又将如何。依靠他自己不断的活动、努力、经验、挫折．通过他自己的尝试和斗争去克服困难，儿童慢慢地完成了他自己的困难的和重要的工作，并且总是具有一种新的完善的形式。成人实际上在完善环境，而儿童却在完善他自己。儿童的努力就像一个人在不停地奔跑，直到达到他自己的目的为止。因此，成人的完善依靠儿童。

我们成人依赖于儿童。在儿童的工作领域中，我们是他的儿子和侍从，正如在我们的工作领域中儿童是我们的儿子和侍从一样。在一个领域中成人是主人，而在另一个领域中儿童是主人。因此，儿童和成人都是国王，但他们又是各自王国的统治者。这是人类中为了和谐而存在的一个基本结构。

由于儿童的工作由行动和外部世界的真实物体所组成，因此，它可以成为明确的研究对象。在搞清楚儿童工作所遵循的规则和方式之后，我们就可以把儿童的工作与成人的工作进行比较。儿童和成人都对他们的环境进行一种直接的、有意识的和自主的活动，我们可以把这种活动称之为“工作”。但是，他们的工作相似仅到此为止，因为他们的工作都有各自的目的要达到，而且这种目的无法直接知道并下决心去达到。甚至在植物当中，最低级的生命体的生存也是以牺牲环境为前提的。但生命本身是一种能量，它通过不断地完善外界环境并使之更新，使能量自身不衰以不断地进行创造。例如，珊瑚虫从海水中提取碳酸钙，由此形成它们自己的保护性的覆盖物。它们活动的目的就是，在创造的进程中，它们的环境成为了新的陆地。由于这一最终目的远离它们的直接工作，因此，我们甚至不提新的陆地就可以了解到大量有关珊瑚和珊瑚礁的知识。对所有的生物，尤其对人来说，其道理或多或少是相同的。

每个儿童都参与创造一个成人，这个事实表明儿童有一个明确的、可见的和最终的目的。然而，尽管我们可以从每一个方面去研究儿童，了解有关儿童的每一件事情，从他的身体细胞到他的所有功能的各个细节，但我们仍然不能觉察他的最终目的，即他将成的成人。

儿童的工作目的和成人的工作目的两者尽管是不同的，但它们都意味着：工作要利用环境。

自然界有时可以用更简单的手段揭示它的某些秘密。例如，在昆虫中，我们可以注意到它们生产劳动的真正产品。其中一个是丝，这种光亮的线被人编织成珍贵的织品；另一个是蜘蛛的网，它是由脆弱的丝组成的，人们迫不及待地要破坏它。然而，丝是蚕的产物，也就是，丝是蚕这个仍处于生长过程中的生物工作的产物，而蜘蛛网是成年蜘蛛工作的产物。这种比较会帮助我们认识到，当我们讲到儿童的工作并把它与成人的工作作比较时，我们是在讲两种不同的但又是真实的活动，然而它们在目的上是截然不同的。

儿童不遵循劳动效益规律，而且正好是相反。他把大量的精力消耗在一个满足其内在需要的目的上，在完成每个细节时花费了他所有的精力。所以，这种外部的目的和行为只具有偶然的重要性。在环境和儿童内心生活的完善之间存在着这样的一种特别引人注目的关系，那是因为对于成人来说这种观念肯定向他显示了儿童的心理生活。一个发现他自己已经升华的人不会再依附于外界东西，他仅仅在适当的时间为了他自己内心生活的完善而利用它们。与这种人相对立的是，一个仍处在他自己的层次的人仍会被某些外界的东西和目标所迷住，以至准备不惜任何代价去追求它们，有时甚至达到损害健康和丧失生命的地步。

无可置疑，成人的工作和儿童的工作之间另一种明显的差异是，儿童的工作并不寻求获利或帮助。儿童必须靠自己进行工作，他必须完成全部工作。没有人能承担儿童的工作，代替他长大。

一个不断再生的过程

人类的成长是一个从无到有，充满无数奇妙变化的过程。

在所有人的成长历程中，从出生到成年，都要经历好多个不同的阶段，也正是这些不断“再生”、循序渐进的过程，让孩子从小到大，从蒙昧无知到博古通今，一步一步走向美好的未来。虽然人类无法决定自己的成长过程，但是，人类可以对发展过程进行研究，进而巧妙地解决在发展过程中出现的各种问题。

人们说：“成长就是一个不断再生的过程”，如何来解释这句话呢？事实上，从出生到成年的这个发展过程中，人的心理成长要经历几个不同的阶段，各个阶段之间有着明确的界限，而且每个阶段的心理活动表现也不尽相同。更加有趣的是，每一个心理成长阶段与不同的身体成长阶段都有着密切的关系。成长发育的不同阶段之间，心理变化非常明显。一个心理成长阶段结束，另一个心理成长阶段随之而来，每一个阶段都在为下一个阶段打基础。要保证下一个阶段的发展正常，就要求上一个阶段的发展不出现偏差。这就像蝴蝶一样，从幼虫到成蝶，必须经过吐丝、结茧、抽丝，最终才能破茧成蝶，翩翩飞舞。在这个过程当中，无论任何环节出了问题，都会带来后面的连锁反应，甚至造成一生的遗憾。

在这个阶段里，儿童的心理类型是一致的。这个阶段分为两个时期，第一个时期是 0 ~ 3 岁，第二个时期是 3 ~ 6 岁。

第一个时期：0 ~ 3 岁

即婴儿降生后的精神胚胎发育阶段，各种能力独立发展，如语言、手的运动、腿的运动等。一些感觉能力也逐渐形成，心理的各种控制能力也各自独立出现。但各种器官尚未完全发育。

由于我们不能直接对这个时期的儿童施加影响，因此到现在我们还不能了解他们的心理活动。这个阶段的儿童不能进入学校学习，事实上，即使他们想去学校，也没有学校接纳他们。

第二个时期：3 ~ 6 岁

这个阶段的儿童的心理类型没有发生多大变化，不过，儿童的人格已经出现，并且非常容易受到周围的人的影响。也许这种变化不是很明显，家长并没有感觉到。

政府教育机关对这一阶段比较认可，因为孩子在刚出生的时候什么也不会，而到 6 岁时却发生了一个很大的变化，他们可以理解他人的意图，可以过集体生活了，最重要的是他们可以去学校学习了。这种变化很直观，人们可以清楚地认识到。

第二个心理发展阶段比较平稳，儿童稳定地发展着，他们表现得健康、快乐、积极向上。这个阶段里，儿童不仅在心理上与第一个心理发展阶段有着明显的不同，而且身体上的变化也很明显，比如：换牙。儿童在6岁左右开始换牙，直到12岁乳牙全部脱落，恒牙取而代之；随着年龄的增长，身高也迅速增长。

对这个年龄阶段的儿童，心理学家罗斯·戴这样说："在身体上和精神上表现出来的稳定，是儿童阶段后期的一个显著特征。这种稳定与成年时期非常相像。不难想象，如果一个外星人初次来到地球，在没有碰到成人之前，很可能以为那些10岁左右的孩子就是成人。"

可以说，这个阶段也得到了政府教育机构某种程度上的认可，因为世界上很多国家的儿童在12岁的时候就可以进入中学了，也就是说，6～12岁这一年龄阶段是儿童最适宜接受基础文化教育的时候，这已经成为全世界人们的共识。事实上，长期的教育实践告诉人们，这个年龄的儿童在心理上适合上小学，他们已经可以耐心地学习，认真地听讲，可以明白教师的意思了。可以说，这个阶段是儿童接受基础文化教育的黄金时期。

在这个发展阶段里，孩子有非常大的变化，身体的基本发育已经完成，18岁以后，身体不再随着年龄的增长发生显著的变化。

世界各国的政府已经认识到，12岁以后，儿童的心理发展已经进入一种不同的类型，于是这时候的孩子就可以进入中学接受一种全新的学校教育。

这个阶段也可以分为两个时期：一个是12～15岁；一个是15～18岁。与此相应，中学教育也分成两部分：初中教育和高中教育。通常情况下初中为三年，高中也为三年。这样的划分告诉我们，12～18岁这6年的教育一般分成两个阶段来进行。

这一时期儿童的教育问题一直是心理学家关注的焦点，因为12～18岁这个阶段与0～6岁这个阶段有着很多相似之处，心理变化非常显著就是其中之一。这个阶段不像前一个阶段那样简单，而且也不再平静。这个时期，在身体发育方面没有前一个阶段稳定，而且性格也很不稳定，有一种反叛倾向。

大学算是学校教育的最高级别了。大学的课程量要比高中的多很多，同时也更加丰富。但是，我们的高等教育与中小学教育并没有太大的区别：教学方式仍然是教师在讲台上面讲，学生坐在下面听，有时候教师提问，然后找个学生来回答。过去还是小孩子，现在已经长大成人，可他们还是被父母、被老师当成小孩来对待。他们老老实实在教室上课，在家里听父母的，在学校听老师的，稍微有哪里做得不合父母之意了，就要遭到父母的责罚。

开发学生的头脑，使之成为全面发展、德才兼备的人，这才是教育的终极目标，他们将来要成为社会各行各业所需要的人才。但是人们不禁要问，总是待在教室里，没有社会经验，没有工作技能，他们能找到工作吗？他们能自己挣钱养活自己吗？我们该如何解释这种现象呢？

其实原因很简单，有些大学生上课只听讲不思考，仅仅依靠听讲是不能使人成熟的，只有在实践工作中不断锻炼，积累经验，才能成为社会所需要的人才。

由于大学是学生的最高学府，这里的学生一定是智力出众，才华横溢的人，于是很多心理学家都给予大学生广泛的关注。但是随着心理学家对人类心理研究的深入，出现一种与之相反的认识倾向，认为教育最重要的阶段不是大学，而是0～6岁。这段期间是智慧形成的阶段，也是人的心理定型的阶段，并且这个时期对人格的形成有着重要意义。这种观点改变了人们对0~6岁孩子漠不关心的状况，人们开始创办各种各样的幼儿园，从而对孩子进行教育。

在孩子的成长过程中，或多或少都会出现一些问题，甚至是谬误，但这并不会对他将来的成功和成才造成太大影响，只要父母能够密切关注他成长的每个环节，让他在正确合理的引导下健康成长，即使偶尔出现谬误，也会很快回到正轨，继续前行。

想要让孩子在每一个成长阶段都能积极向上，健康茁壮，父母应该如何去做呢？

首先，要认识到孩子发展阶段的划分。在孩子从婴儿不断长大，直到成人的过程中，心理和生理两个部分都在不断地发展变化，它们之间既各不相同，又密切相关。当孩子的生理进入某个阶段时，他的心理也会随之变化，且每当步入一个新阶段，心理的发展都会伴随生理发展而出现明显变化。父母只有认识到孩子成长阶段的正确划分，在处理问题时，才能更有针对性。

其次，要密切关注孩子成长过程中的每个环节。在孩子的成长过程中，除了要对他的生活和学习进行指导和教育之外，父母还需要对他的生理和心理情况进行密切关注，并给予正确引导。与此同时，还要注意不能使用过激的教育方法，避免伤害孩子的自尊心，甚至留下心理阴影。

第四章

让儿童成为自己的主宰

父母虽然给了孩子生命，养育了孩子，但这并不意味着孩子是父母的附属品。儿童是独立的人，他们有自己的思想、人格和尊严，他们的个体权利理应受到父母的保护。如果父母强迫儿童去做他不喜欢的事情，一心让儿童变得顺从，那么这个儿童就会渐渐失去自己。而这也将会成为教育最大的失败。要知道，所有的成功都是个性的成功，因此，教育的真谛是让孩子成为他自己。

成年人应该受到控告

一个儿童之所以不能够正常、顺利地成长和发展，很可能是由于受到了成人的压抑。

弗洛伊德用“压抑”这个词来形容成人的一种根深蒂固的心理障碍，其实这个词本身就已经清楚地说明了心理障碍产生的原因。事实上，由于儿童与社会是隔离的，当他受到成年人的影响时，他就变成了一个特殊的成年人，他的行为、举止就会与其最亲近的人相像。这些能影响他的人，通常首先是他的父母，接着才是他的老师和他身边经常接触的成人。

然而，社会却赋予成年人截然相反的使命：让他们有权决定儿童的教育与发展。只是到现在，当人类的思想达到了一定的深度之后，我们才转而发现，那些过去被认为是整个人类的守护者和施舍者的成年人应该受到控告。既然几乎所有成年人都扮演着母亲、父亲或儿童监护人的角色，那就意味着他们全部都应受到控告。对儿童负有不可推脱责任的整个社会，也应接受审判。这一惊世的控告，其实可以给我们警醒，它就如同上帝的最后审判一样神秘而令人敬畏：“你们究竟是怎样对待我托付给你们的孩子的?”

对此，很多成人的第一本能反应就是抗议和自我辩护：“我已经竭尽全力，我爱我的孩子，甚至可以为了他们而牺牲自己。”表面上来看，他们是在为自己辩护，其实他们的内心也充满了矛盾。他们口头上的辩护由来已久，也为我们所熟知，但是我对此毫无兴趣。我所感兴趣的是这种控告本身，而不是谁受到了控告。被告们虽然在照料和教育孩子上殚精竭虑，但还是发觉自己恍若置身困难重重的迷宫，无力自拔，仿佛自己一直徘徊在一个根本没有出口的密林中。其实他并不知道，他之所以会迷路，都是由他自己造成的。

所有代表儿童利益的人都应该对成年人提出控告，他们应该坚持不懈地这样做。

我想，这一控告会立即引起人们的浓厚兴趣。因为它公开谴责的并不是那些见不得人的错误，并不是那种让人觉得自己丢人、没用的错误，而是要指责一种在无意识下犯下的错误。这种指责能使人们加深对自己的了解，从而提高自己的精神境界。实际上，人类每一个真正的进步不都是因为发现和利用了未知的东西！

为此，人们对自己所犯错误的态度总是如此矛盾，即对有意识犯下的错误感到痛心，而对无意识犯下的错误却不置可否。其实，在无意犯的错误中隐藏着巨大的机会，即一旦人们认识并克服它，就能使自己超越某个已知的、或梦想达到的目标，并使我们最终得到进一步提高。这就是为什么中世纪的骑士会对自己做如此真诚反省的原因。当他因个人荣誉受到哪怕最微小的侵犯而准备战斗时，会先跪在祭台前谦卑地承认："我首先宣布，我有罪，这是我自己的过错。"《圣经》中就讲述了大量这类惊人的、自相矛盾的例子。想一想，在尼尼微，人们为什么会聚集在约拿的身边？为什么所有的人——从国王到平民——都渴望加入以约拿为核心的那群人中？又比如，洗礼教徒约翰是如何将人群召集到约旦河畔的？他究竟用了什么具有魔力的咒语将如此众多的人聚集于那里？

人们蜂拥而至地去听自己被人控告。而且，他们还聚在一起赞成控告中所说的话，并且承认他们自己的错误。事实上，尖刻和持续的控告把埋藏在他们潜意识中的东西带到了意识层面上。因此，所有的精神发展就是获得意识，呈现在意识之外的东西。实际上，正是通过经由此路，世界文明才能得以迅速发展。

如果我们改用与以往截然不同的态度来对待儿童，如果想要把儿童从危及他的心理活动的冲突中解放出来，首先就得对成人的世界进行一次强有力的变革。虽然成人总是说为了儿童他已做了他能做的一切，并进一步宣称出于对儿童的爱他已经牺牲了自我。但是成人必须得承认，他们对儿童所做的很多其实是错误的，因为他们并没有完全搞懂儿童的心理。

的确，关于儿童还存在很多未知的东西。比如儿童心理中的某些部分一直是未知的，但又是我们必须去了解和发现的，正是这种需要引导我们去探究儿童未知的心理。而且，尽管通过心理学和教育去观察与研究儿童，但仍然有相当一部分成人并不了解儿童。因此，我们必须以牺牲的精神和怀着饱满的激情去研究它，就像那些人远涉重洋和翻山越岭去寻找隐藏的黄金一样。这就是那些企图寻找隐藏在儿童心灵深处秘密的成人必须做的事情。这就是所有成人，不管是什么国家、民族和社会地位的人都必须共同去做的事情，因为这将意味着产生了对人类道德进步不可或缺的要素。事实上，成人与儿童的诸多冲突源于成人对儿童的不了解。而消除这种冲突的方法，并不是成人应该获得一些新的知识或达到更高的文化水准。

对每个成人而言，他们必须找到各人不同的出发点。成人首先必须发现仍阻碍他自己真正理解儿童的那种无意识的错误。如果不去寻找这种错误，如果没有采取与这种寻找相应的态度，他就不可能进一步了解儿童。探究自身的错误并不像我们想象的那样困难，因为错误，即使它是无意识的，也是有迹可寻的。

一提起药物，人们首先想到的就是可以用它来解除病痛。一个手指关节脱位的人渴望使之复位，因为他知道只要不复位，这种疼痛就不会消除，他就不能使用他的手去工作。同样，只要成人认识到自己的错误，他就会强烈地感到要使自己改正错误，否则就会使他长期所承受的软弱和痛苦变得不堪忍受。

正常秩序一旦建立，所有一切就都会变得容易了。我们只要认识到我们把太多的东西归属于自己了，只要相信我们实际上能够做我们力所能及的事情，那么我们就会渴望去认识，并且很容易就能认识到儿童的心灵与我们的心灵大不相同。

唯有如此，在与儿童打交道时，成人就不再自以为是和以自我为中心了。因为过去他们从自己的角度出发看待影响儿童心里的一切，结果不是不能正确理解儿童，就是儿童犯了错。由于成人过去这种以自我为中心的观点存在，成人把儿童看作是“心里什么也没有的人”，必须由他们尽力去灌输；把儿童看作是没有独力能力，必须为他们做所有的事情；把儿童看作是“缺乏精神指导的人”，必须由自己不停地进行指导。

儿童在自我实现的道路上，最容易遭遇到的第一个挫折，多来自父母等重要的亲人。父母最容易以爱的名义，将自己的意志强加在孩子的身上。但这样做的结果往往是压抑了孩子的天性，使之成为了一个循规蹈矩、资质平平的孩子。这是多么令人遗憾的事情！

总之，成人要抛弃以下观念：把自己看作是儿童的创造者，并从他们自己与儿童行为的关系的角度来判断儿童好或坏；成人使自己成为了儿童善良和邪恶的试金石；成人是一贯正确的，儿童必须根据他的既定标准来塑造；儿童在任何方面偏离了成人的方式就被当做是一种罪恶，成人必然会迅速加以纠正。

尊重儿童

儿童是一个独立的个体，他应该受到尊重，也只有受到尊重后，他才可能尊重自己，并可能学会尊重别人，进而成长为一个具有健康人格的人。

在长期与孩子们相处的过程中我认识到，儿童的个人尊严感十分强烈。他们的心理是很容易受到伤害并感到压抑的，而大人却从未意识到。

那天，我想给儿童上一堂如何擤鼻涕的搞笑课。我讲解了运用手帕的多种方法之后，还指导他们如何尽可能悄悄地擤鼻涕。我做示范时，儿童认真、尊敬地注视着我，没有一个人笑出来。在我刚刚示范完毕后，课堂上爆发出了只有在剧场中才能听到的长久的热烈掌声。这确实使我十分吃惊，这样小的手竟能拍出这么响的声音，我从来没有听到过，也没想到这些儿童会那么热烈地鼓掌。

随后我领悟到，我触及到了他们极其有限的社交生活中的敏感点。儿童擤鼻子是件很困难的事情，他们经常被大人责备，所以对擤鼻子十分敏感。大人的叫嚷和辱骂伤害了他们的感情，使他们很难受。

为了防止儿童丢失手帕，大人强迫他们在学校里还把手帕滑稽地别在围兜上。这是大人在这件事情上对儿童的进一步伤害。但对于他们应该如何擤鼻子这件事情，还没有人真正教过。

我们应该和儿童换位思考，要知道儿童对大人的嘲讽很敏感，很容易感到丢脸。因此，我的教育使他们感受到了公正的对待。这样的教育不仅洗刷了他们过去受到的羞辱，还使他们获得了在社会生活中的全新的地位。不管怎么说，我有长期的经验做验证，对这件事情的解释是正确的。

就在那天，我正要离开学校时，孩子们突然大喊起来："我们谢谢你，谢谢你上的这一课！"我走出大楼时，出现了很壮观的场面，孩子们静悄悄地跟在我的身后，一直跟我走到街上，在人行道上排成一支整齐的队伍。最后我回头对他们说："回去吧，孩子们，走路要小心，不要撞到墙上。"这时，他们转身飞快地走到大楼门背后，全都消失了。我真真切切地感受到这些孩子的人格尊严。

来"儿童之家"参观的人发现，这里的儿童的行为表现得自尊自重。他们热情地接待来访者，然后，给这些来访者示范他们是怎样进行工作的。有一天，一个人提前通知我们，将有大人物要跟这些儿童单独在一起，以便更多地了解这些孩子们。我对那位教师只说了一句话："顺其自然！"

然后，我对所有的儿童说："你们明天将见到一位客人，我希望你们被他看成是世界上最棒的孩子。"

后来，那位教师向我反映这次访问成果。她说："我们获得了巨大的成功。有些儿童请这位客人坐椅子，非常礼貌地说'您请坐'，其他儿童则说'早安'。"

他们在这位客人要离开时把头探出窗口，一齐喊道："谢谢来访，再见。”我责备这位教师：“我对你说过不要做什么准备工作，一切顺其自然，你为什么要教他们这样呢?”她回答说：“我一开始就没有跟儿童讲什么，儿童们是自觉地这样做的。”她又补充说：“我几乎不敢相信自己的眼睛，我对自己说，这肯定是天使制造的奇迹。”然后她接着说，儿童比平时工作得更勤奋，把所有的工作都完成得很出色，把来访者都给震惊了。

我对那位教师所说的话在很长一段时间内都难以相信。我再次向她问起这件事，因为我担心她强迫这些儿童做准备工作或排练。但是我到最后才意识到，他们已经是有了自己尊严的儿童，他们知道去工作，能够真诚友好地接待来访者，他们以为尊敬的客人示范自己所能做的工作而感到自豪。我只是对他们说：“我希望你们被看成是世界上最棒的孩子。”但肯定不是我的话才使他们这样做的。

只要我对他们说“将有一位客人要来拜访你们”，就相当于说客人到了我们学校的会客室。这些自尊自信的儿童，对接待客人的事情非常乐于干。

原来有些事情虽然看起来很简单，但又神奇无比。这些儿童过去的那种羞怯一去不复返了，他们的心灵不存在与周围环境之间的任何障碍。他们的生命力就像鲜花一样绽放，在阳光的哺育下茁壮生长，自然展现，散发出浓郁的芬芳。更为重要的是，儿童们发现，他们的发展道路畅通无阻，自己无须隐藏什么，无须畏惧什么，无须逃避什么，事情简单得不得了。我们的结论是：他们现在能迅速与环境相适应。

儿童们表现得机灵活泼、镇定自若，随时能迸发出精神的火花，这使与他们接触的大人心情振奋。他们感谢所有给他们带来关爱的人。那些重要的人士在访问“儿童之家”时获得了一种新的、生机勃勃的印象。我们的儿童们自然也成为了社会生活的关注点。

一些普通来访者的兴奋心情难以掩饰，令人感到十分有意思。例如，一些衣着华丽、珠光宝气的女士，表现得像去出席一个招待会一样，但是当她们见到这样活泼，天真、谦虚的儿童时，十分欣喜，大加赞美。当年幼的儿童向来访的客人致欢迎词时，她们高兴极了。这些儿童玩着女士们漂亮的衣角，拉住她们美丽的手。

一次，一位沮丧的女士被一个小男孩感动了，小男孩走到她面前，他的小脑袋紧靠着她，然后把女士的一只手放在自己的双手上，抚慰她的悲伤。后来，这位女士非常激动地说："这个孩子给了我从来没有过的安慰。"

因此，父母要改变那种支配一切、指挥一切的错误观念，把孩子看成独立的个体，把孩子当作家庭中的一个平等成员，在尊重孩子的基础之上爱他，才会让孩子成为真正的自己。

转换看待儿童的眼光

大人只有转换看待儿童的眼光，才能真正地了解儿童。

当了父母的人总不免有一个疑问：在儿童的眼中，世界是什么样子的呢？

英国儿童健康协会曾在伦敦动物园举办了一次"孩童世界"展

览，它为人们提供了全新的视角。

展览模仿了不同年龄段的孩子的体验。当成年人戴上厚厚的眼镜时，他们眼前的模糊世界就仿佛是孩子的感受；他们戴上手套系鞋带，体会到的是学步阶段婴儿的动作协调能力。

心理专家认为，这个展览重现了人的成长经验，让成年人获得了对儿童的崭新认识。我认为，作为父母，如果没有经历过这种“降级”感觉，是不会真正了解孩子的。在圣诞节期间的展览会上，你不要以为孩子会为琳琅满目的礼品而高兴，在他们的眼里，这是一个充满着人的大腿、屁股、鞋子，以及其他庞大的物体在乱推乱撞的场面。

因此，不妨把自己的心态落到与孩子一样的水平线上，用孩子的眼光来看待现实的世界，那么孩子的很多想法和行为，大人才更有可能理解。

来看一则实例：

一家人到户外去活动，弟弟和哥哥之间发生了一点小矛盾，结果扭在了一起，弟弟的鼻子被地擦破了一点皮。当时父母的心里是又生气又紧张，分别将他们两个人训了一顿，并问他们，为什么不好好玩，还打架？

弟弟委屈地说：“我是和哥哥好好玩的，我们想看看谁的力气大，摔跤玩，就摔倒了。”哥哥说：“对，都是那个地不好，硬硬的，把弟弟的鼻子都弄破了。”听到这里，父母不禁脸上有些发红，是啊，孩子们并没有因为鼻子的问题而不高兴，他们还沉浸在摔跤的乐趣中，摔跤所带来的乐趣远远大于鼻子被碰破这点儿小事；更何况孩子在成长的过程中，是难免遇到种种诸如此类的挫折的，俗话说：“吃一堑，长一智。”孩子们都这样想了，父母干嘛还要训他们呢？这个时候父母最应该做的事就是告诫他们，以后玩耍的时候要注意安全。

那么，父母如何才能做到用孩子的眼光看待孩子的世界呢？

首先，学会倾听，成为孩子忠实的听众。孩子是一本无字的书，书的每一页，浸透着父母的心血和关爱。很多父母把孩子当作“小太阳”，甘心做行星围着“太阳”转；而孩子却不愿当“太阳”，而要做“星星”，因为“太阳”太孤独，“星星”却有很多朋友。

现在孩子大多是独生子，他们害怕孤独，渴求倾听，渴望父母能成为自己的朋友，当他们的“孩子王”。因此，聪明的父母与其做一个高明的说者，不如做一个高明的倾听者。当面对着“鸡蛋里面挑骨头”、“打破沙锅问到底”，满脑子都是稀奇古怪的孩子时，不论孩子的问题多么简单、多么幼稚，父母即使再忙再累也千万不能漫不经心，眼睛左顾右盼，手里不时地翻动着书报，嘴里不停地说着“我早就知道”。而应该保持微笑、热情地看着说话的孩子，并常常表现出惊讶的样子，赞叹道：“真是这样吗？”“我跟你想的一样！”“你的想法太好了，请继续说！”“你真棒！我简直不敢相信！”以此来表示自己对孩子所说的话的兴趣和愉悦，同时对孩子所提的问题进行热情的点拨，并及时为他们排忧解难。这样孩子们便会认为你“够朋友”，“了不起”，自然就乐于向你敞开心扉。

其次，要以孩子的眼光看看孩子的世界，父母还应知道孩子有自己独立完整的人格，也有属于自己的思想，父母要能尊重孩子，向孩子请教。

在孩子成长的过程中，知识面会逐渐增长，他们会开始自己观察、思考，对一些问题也会有自己的看法和见解，如果一味以成人的标准来思考和行动，不敢越雷池一步，那么就会压抑孩子健康的个性和心理发展，不利于培养孩子完整的人格。因此，做父母的，应该学会平等地和孩子相处，遇事多向孩子商量：“这样做行吗？”“你喜欢不喜欢?”“这件事这样处理好不好?”“这样讲你听得懂吗?”这样，孩子感受到父母对他的尊重，对他的关心，自然会奋发向上，朝着父母期望的方向努力。

最后，以孩子的眼光看问题，就还要能以一颗平常心去理解和宽容孩子的过错。俗话说：“十个指头有长短，荷花出水有高低。”不要总拿自己的孩子和别的孩子相比，不要把目光总是放在自己孩子的缺点上。应该将心比心，对孩子给予充分的理解，用宽容发展的目光看孩子。

总之，父母要想教育好孩子，就要学会去倾听孩子的心声，与孩子产生共鸣，恰如其分的评价孩子……而做到这些的前提就是要你用孩子的眼光看孩子的世界。

儿童渴望独自成长

对父母来说，在幼儿时期让孩子拥有独自成长的能力，不仅必要，而且是必需的。

从来到这个世界上的第一天开始，孩子就在不断地成长。尽管作为婴儿的他每时每刻都处在成人的照料之下，但作为一个独立的个体，成长是他们自身的需要，而并非外界所强加。因此，父母必须要知道，独自成长是孩子的本能和天性。

婴儿从母亲身体里出来的那一刻，就像是一支射出来的箭，朝着自身要去的方向发展。在这个发展过程中，孩子要克服各种困难，不断完善自身。这是因为，人一出生的时候，大脑中就存在着一种巨大的力量，这种力量促使婴儿进行“具有目的的行动”，就像我们大人身上的“主观意愿”。这个比方也不恰当，因为“主观意愿”是人意识的一个组成部分，受一定的限制，而“具有目的的行动”是人的一种本能，它推动生命的进程，促进儿童的成才。这种“具有目的的行动”的本能就是孩子对独立的要求，也就是说，只要成人对儿童的发展给予应有的帮助，使其有目的地进行行动，那么他们就会实现自身的独立。孩子心理发展上是这样，身体发育方面也是这样。

新生儿从母亲的子宫里出来，就有如脱离了“牢笼”，实现了走向独立的第一步。与此同时，新生儿来到这个全新的世界里，对外在环境充满了强烈的好奇感，他要学习各种知识来完善自己，从而形成自己的性格。他好像在对整个世界说：“我要征服你！”只有外在环境对儿童具有吸引力，儿童喜欢这个世界，他才会产生这种“征服世界”的欲望，而这种欲望正是孩子生命发展的标志。对儿童来说，这个世界具有丰富的感官刺激。

感觉器官是新生儿最先工作的器官。环顾周围，我们可以看见视野内的所有千奇百怪的东西；侧耳倾听，我们可以听见可辨声域内的所有声音。人的感知范围相当广泛，但是这种感官能力并不是天生就有的。就拿声音来说，新生儿刚开始听到的声音只是一种混合的声响，后来，随着与环境的交流、经验的积累，才逐渐能够分辨出各种声音之间的差别。

科学家的研究表明，6 个月大的婴儿已经达到了相对独立的程度。

在 6 个月左右的时候，婴儿的小嘴终于可以发出声音了，他们顺利完成了语言学习的第一个阶段。在这之后的日子里，他们的发展迅速加快，直到他们完全地独立。这是一个具有里程碑意义的标志，因为儿童一旦说话，他就可以与外界交流，对他人表达自己的意愿，可以不再依赖别人。

语言是人与人交流的工具，儿童学会运用语言，就可以与他人进行交流，这是儿童成长取得独立的最重要一步。从开始时候的混混沌沌、不清楚，到后来能够听懂别人的说话，而且还可以随意表达自己的思想，这真令人惊讶啊！

大概在1岁左右，儿童开始学习走路。学习走路的时候，你会看见他们的小腿可以到处乱走，有的时候他们还会随意乱跑。如果有陌生人接近他，他还会躲避，身体要比从前自由得多。大自然赋予生命独立的能力，它就会全力促成这种能力转化成现实，于是把自由和独立赐予儿童。

学会行走对儿童的成长具有很重要的意义，这是因为行走是复杂的身体机能活动，儿童学会行走表明其身体发育得很好。1岁左右，儿童学习行走，这与儿童对语言的学习，对周围环境知识的汲取同时进行，人的各种能力逐步发展起来，一步步地迈向独立。

儿童只有不断地从外部世界中汲取知识和经验，才能得到正常的发展。科学家们把儿童从外部世界汲取知识和经验的过程称为“工作”，因为它是一种交互作用的过程。儿童一旦学会了语言，他就会不停地说话，谁也别想阻止。同样，一个发育正常的孩子学会了走路，如果你想阻止他，也是不可能的，因为只要他行走的相应器官发育成熟，它们必然发挥作用，自然而然就会走路了。如果儿童说话、行走的要求受到阻碍，就会束缚他的发展，最后导致畸形。因此说，儿童能够行走之后，独立性更加提高了。只有能够自由运用这些能力，他才能获得自身的独立。

心理学研究表明，人的任何发展都是有条件的，“任何个体行为都来自环境经验”。也就是说，环境经验对人的发展起着重要的作用，然而，在我们对儿童进行的教育中却存在着这样一个问题：教育儿童缺少环境经验，从而无法对儿童的成长提供实质性帮助。这样就有可能减慢儿童发展的速度，有时候还会使儿童的发展出现逆转。

教育儿童首先要为他们提供一个良好的学习环境，这样才能使他们的能力得到充分的发展。我们要调整观念，遵循自然界的法则，让孩子的发展与自然的进程协调一致。

除了需要一个良好的学习环境以外，儿童还有更高层次的需求——获得独立。只要对儿童进行一番细心地观察，你就会发现：他们总想按照自己的意愿办事情，想要这个玩具，想要那个画板，想自己穿袜子，或者想干一些奇怪的事，其实这些都是出自他们内心的愿望。他们获取独立的要求如此强烈，以致于有时候大人会去阻止他们。这个时候，我们要知道：自己在阻止孩子行动的时候，其实不单纯是在阻止孩子行动，也在阻挠自然法则的实现，因为儿童的行为是受自然支配的。

儿童取得身体上的独立，逐步摆脱对成人的依赖后，就会要求精神上的独立。他开始对已经获取的经验进行思考，寻找事物彼此之间的关系，独立地认识这个世界。这个时候，他的性格形成了。

在对自然和生命科学观察的基础上，我们得出：只有通过自由和丰富的环境经验，人类才能实现自身的发展。因此，现在我们立刻要做的事情是：给儿童全部的自由，让他们获得独立，让他们正常发挥自身的能力。

那么成人能否给独立、自由下一个准确的定义呢？不可否认，现在人们对自由的理解分歧很大。通过对儿童教育的研究发现：自由、独立和生命的真实意义，只有在儿童身上才能反映出来。自然按照每个人的不同需求，给予他们自由和独立。只有在大自然的怀抱里，自由才能促进生命的发展。这样说来，儿童向我们展现了一个完整的人生场景，展示了一种事实，通过它我们能够更加接近真理。

如果这样，那么儿童为什么还要不断地获得独立的发展呢？事实上，这个目的就是标志生命不断完善的个性。所以说，儿童遵循自然规律充分发展自身，也就实现了自由，这个自由是所有生物生存的前提。

通过一系列的活动，活生生的生命个体是如何实现独立，又是如何获得自由的呢？通过不懈的努力，生命处于激发状态，无法停止向前。独立不是一个割裂的静止状态，而是一个不断征服的过程。自由只能通过强壮的体质和完美的个性来证明，为此儿童需要进行不懈的努力。

获得独立，摆脱对他人的依赖是婴儿的第一本能。在争取独立的过程中，儿童的第一个意识就是自我保护，使自己不受外界的伤害，从而实现自己的愿望和要求。有些人认为：整天躺在床上，无所事事是最好的生活状态。如果按照这些人的思维理解，婴儿出生前在母亲的子宫里，什么事情也不用操心，一切都交给妈妈去办，这样的生活岂不是最舒适的了？如果把什么事情都不干视为生命的最佳状态，那么儿童何必学习说话，学习行走，学习运用脑筋思考？要知道这些活动都是需要不懈努力的，可是，面对困难，孩子们并没有退缩，并没有放弃，反而表现出了强烈的进取意识，而且随着对周围环境的不断熟悉而越来越欢快。儿童给我们证明了知识的价值。

面对全新的世界，儿童全身心地学习着自己所需要的各种知识，从周围环境中汲取经验，通过自身的行动来寻求着独立。我们成人要明白，自由和独立对儿童来说是必须的，他们就像是永不停歇的劳动者一样，时刻“工作”着。一旦停止工作，不能从外部世界获得经验，他们就不能生存。这种生存规律也适合其他所有的生物。

生命只有通过活动才能达到完美，而所有的生命都是一种能力的表现，这种能力充满活力。社会的活力来自一代又一代的人。社会上有些人企图把自己的工作推给别人干，自己少干点，事实上这是生命衰退的表现，是不符合自然规律的。

为什么会出现这种现象呢？研究表明：婴儿出生后，面对陌生的环境，无助、惶恐，希望得到人们的帮助来适应周围的环境，可是父母却没有这样做，渐渐地，他就会对这个世界失去兴趣。这样的儿童离不开家人的怀抱，他喜欢得到别人的帮助，喜欢在屋子里而不是出去交朋友，喜欢把自己的工作推给别人，喜欢依赖他人。这些表现是一种退化的倾向，用专业术语来说就是“向子宫回归的倾向”。这种倾向是对家人的依赖、对独立的逃避。

这些儿童喜欢依赖他人，在现实生活中他们看到的总是困难，而这些困难在他们看来也是无法克服的。如何治疗儿童这种退化的“疾病”以及如何对他们施加正确的教育，成了摆在我们面前急需要解决的问题。为了能给这些儿童提供及时、正确的帮助，西方国家建立了很多儿童心理诊所，同时还研究出了一些治疗方法，游戏治疗就是其中之一。

儿童生活、学习的环境应该是丰富多彩的，他们能够从中培养各种各样的兴趣，吸取经验。我相信，只要我们遵循生命发展的自然规律，就可以改变有退化倾向的儿童，使他们不再懒惰，而是变得勤奋，热爱工作；不再无精打采，而是充满活力、兴高采烈地生活；不再畏惧困难，而是积极向前，挺身而上；不再因为害怕而躲避，而是热情开朗地享受生命的乐趣。

儿童具有强烈的创造力

所有的儿童天生都具有强烈的创造力，但这种创造力可在成人的认可或鼓励得到发展，也可在成人的不认可的情况下遭到扼杀。

儿童是一个真正的工作者和创造者，因为仅仅靠吃饭、睡觉无论如何是不能成长为一个真正的大人的。大人的工作，儿童虽然不能分担，但他们自己有自己需要完成的重要任务，那就是完成对自我的塑造。因此，从这个角度来说，他们同样是工作者和生产者。

儿童时期是一个人成长的必经阶段，但成人却没有能力再去做孩子做的具有创造性的工作。虽然儿童在成人创造的自然环境中工作时显得格格不入，但大人也同样不再能再次进入儿童的世界。儿童的工作与成人的工作有着天壤之别，或者可以说是完全对立的。

儿童所做的工作是在儿童自身成长过程中进行的一种无意识的创造性工作。我们可以说儿童是成人之父。儿童好像天生就有一些必须完成的秘密使命，成人的所有力量也都来自于此。

儿童总是积极地从事工作以完成创造过程。有一点我们必须清楚，那就是儿童工作的环境也是那些大人正在生存并不断被改造着的环境，儿童需要在外界环境中进行真正的创造性活动，也只有通过进行一系列练习才能够真正地成长起来。

通过不断协调身体的运动并积累来自外界环境的情感体验，儿童使自己的智力得到不断发展。他们非常认真地观察成人说话的方式，并为自己能够如此说话而坚持不懈地努力。与此同时，他们也学会了如何站立、走路甚至奔跑。儿童自然而然地遵守着成长过程中的发展计划，就像恒星一样遵循自己的运行轨道。我们凭借经验可以大致判断孩子在每一个发展阶段的身高，而孩子的真实身高也和我们预想的相差不多。儿童是遵循大自然的规律生长的，因而我们5岁孩子和8岁孩子不同的智力发育水平，甚至可以大概地知道10岁的孩子应该长多高，智力应该发展在什么样的水平线上。

儿童依靠自身的不断努力积累着生存经验，也经历着成长过程中不可避免的痛苦磨难，并慢慢战胜这些困难使自己的行为活动得到一步步的完善。不可否认，成人确实能为儿童提供或者创造一个外部环境，但儿童的完善却是通过他们自身完成的。

在儿童的世界里，儿童才是真正的主宰，成人只是跟班和随从。同样在成人的世界里，儿童自然处于被动地位，他们就是成人的子孙和依赖者。这样看来，成人和儿童其实都是王国的主宰者，只是他们主宰和统治着不同的国度。

假如我们对儿童工作的动机和方式予以研究，似乎就可以将其工作与成人的工作进行比较。但这两种工作并没有太多相同之处，因为他们的工作目的并不一致，可以说儿童和大部分成人对工作的目的并不是直截了当地清楚明白，这个目的也不会随着他们主观愿望的改变而改变。所有生物的生存和发展都需要有一个外部环境，生命本身是一种能量，它不断地从外部获得力量同时也通过自己的力量对外部世界不断地进行改造，以保持某种平衡。比如珊瑚虫靠吃海水中的微生物为生，然后分泌出石灰石，由于大量群居以及世代繁衍，就形成了珊瑚礁，再然后，它们又形成了陆地。事实上，珊瑚虫并不是为了形成陆地而开展自己的活动，因此我们可以抛开陆地，对珊瑚虫和珊瑚礁直接展开研究。对于所有的生物，包括儿童来说，道理都一样。

儿童有一个明确和清晰的目标，那就是长大成人，儿童所进行的一切活动的最终就是为了这个目标的实现。但是，即使我们对孩子身上的每个细胞，对他的每个工作细节都进行细致的研究，也丝毫没有发现他们有想长成大人这个最终目标。

儿童在刚出生的时候是没有什么能力的，甚至连到处走动的能力都没有，但是这个弱小的生命终将成长为一个强有力的大人。如果说大人因为是经过反复磨炼而变得智慧，那也是由于他曾经是个孩子。

由此不难发现，一个人行为的直接目的和最终目的之间的距离是遥远的，这就意味着儿童的工作不可能直接达到最终目的，还必须要依赖外部环境的帮助。

对我们来说了解儿童工作的性质是非常重要的。儿童在工作时候并没有特定的目的，他们单纯是为了工作而工作。当孩子在不断重复地进行同一种练习时，并不是为了实现某种既定的外在目标。孩子停下手中的活动也并不是因为劳累，这些完全都是因为儿童充满活力的天性所致。

这也说明儿童的工作和成人的工作有着根本区别。儿童进行活动并不追求明确的效益。他们没有什么特定的目的，但却用尽全力在自己的工作上，并努力在工作的各个环节中发挥着自己的潜能。所有外在目的和行为虽然并不一直都有重要作用，但在环境和儿童内心完善之间的关系却值得注意。一个心灵纯洁的人并不沉迷于外部的繁华世界的诱惑与影响，只是为了完善自己的内心他只会在适当的时候对外部世界进行合理利用。与之相对的，是另一些人，他们总是被一些外在的物质深深吸引，并且为了追求或者得到这些东西而不择手段、不惜代价，甚至丧失道德做出违法之事。儿童的工作和成人的工作之间还有一个明显的区别，那就是儿童的工作没有丝毫功利性，他们并不是为了获得某种利益或者取得某些帮助。儿童必须靠自己的力量去完成必须完成的工作。儿童成长的重担只能由他自己承担，任何人也代替不了。同样，儿童想要超速发展也是不可能的。任何生物都有一个预先制定好的发展计划，既不能加快也不能减慢，这是生物的特性。大自然规律我们必须严格遵守，任何违背自然规律的行为，无论是加速发展还是延缓发展都将受到大自然的惩罚。

此外，儿童工作的动力也和成人有所不同。成人工作总是为了某种外在目的而发愤图强、艰苦努力甚至做出某些牺牲，比如物质、金钱方面的效益，而儿童工作动力则完全是出于自身的本能需要。

儿童的成长发展有其内在的需要，也需要有适宜发展的外部环境。环境所起的作用并不是用来让孩子去征服或者去享受，而是帮助他们进行自我完善的一个媒介和一种手段。很显然，只有对孩子的内在需要有充分的了解才能够提供适合发展的环境。成人对孩子的教育不应该是为孩子包办一切，自然也不是让孩子在环境中处于消极被动地位。如果成人不知道儿童工作的秘密，那么他们对儿童的理解也就不可能深入。成人在儿童工作过程中设置种种障碍，企图令孩子停止工作去休息，他们认为充足的休息和睡眠对孩子的成长应该是有帮助的。他们甚至帮孩子安排好一切，而不让孩子亲自动手。在做一件事情的时候，成人总是希望花费较少的时间和精力，所以他们凭经验去帮助孩子洗手、穿衣服，抱着孩子或者干脆把孩子放到推车里走来走去，房间的整理自然更轮不到孩子亲自动手。以上的做法显然都是错误的，成人要让孩子从事他应该做的工作，这才是对孩子最好的帮助。

第五章

做一名爱的导师

爱是维系儿童与大人之间互通的纽带，爱孩子是父母和教师的天性和天职。教育的真谛就在于一个“爱”字，如果一种教育未能触动人的灵魂，无法引起人的共鸣，不足以震撼人的情感，那就不是成功的教育。因此，每一个大人都应该掌握爱的智慧，每一个大人都应该成为爱的导师。

爱的智慧

儿童爱我们，他们对其他东西的爱都不会超过对成人的爱，但是爱我们并不代表可以无条件地服从我们，这一点我们必须要记住。

爱并不是原因，而是结果。它像一颗行星，得到来自太阳的光芒。这种动力就是本能，是生命的创造性力量；但是在创造的过程中，它产生了爱，这种爱充满了儿童的意识，并影响着儿童的自我实现。

按照自然法则所做的并能导致人的和谐的每一项工作，都能获得以爱的形式出现的意识。我们可以说，这是一个人健康和普遍良好的确切标志。

在敏感期把儿童跟他周围的环境联系起来的那种不可抵抗的冲动，实际上是一种对他的环境的爱。这不仅仅是一种情绪的反应，而且是一种智慧的要求。或者是一种爱，它使儿童能看到和听进而得以发展。儿童必须要服从的这种自然欲望，用但丁的话可以称为“爱的智慧”。

爱使得儿童能以一种敏锐和热情的方式去观察他环境中的那些特征，这一点对成人来讲相当重要，因为他们缺乏儿童的活力。爱难道不能使我们对他人不注意的事物产生敏感吗？爱难道不能向我们揭示他人尚未认识到的细节和特性吗？正因为儿童爱他的环境，而不是对它漠不关心，所以，儿童的智慧可以看到成人视而不见的东西。

儿童对环境的爱，对成人来讲似乎是他们天生的乐趣和活力。但是，成人并没有把这看做一种精神的能量，一种伴随着创造力的道德美。

儿童的爱从本质上讲是单纯的。他爱，是为了他可以获得感官印象，这种印象又给他提供了生长的媒介。

儿童爱的主要对象是成人。他从成人那里得到他所需要的物质帮助，真诚地恳求成人给予他自我发展所需要的那些东西。对儿童来说，成人是令人肃然起敬的人。成人的嘴唇就好像是一口喷泉，从那里儿童汲取着他必须学会说的词汇。

成人用他的行动向儿童展示了人的举止行为。儿童是通过模仿他所接触的成人而开始他自己的生活的。成人的言行深深地吸引着儿童，几乎可使他着迷入神。儿童对成人是那么的敏感，以至成人在某种程度上就支配着儿童的生活和行为。我们可以回忆儿童把他的鞋子放在床单上那件事。他以后的行为表现了他的自然服从，但也展现了暗示的力量。一个成人对儿童所讲的话就会像刻在大理石上一样永远铭刻在他的心灵上。我们可能还记得一位母亲接到装有手帕和喇叭的包裹时她的小女儿的反应。由于儿童如此渴求学习和渴望爱，为此成人应该仔细地斟酌他在儿童面前所讲的所有话。

儿童乐于服从成人。但是，当成人要儿童抛弃那些有助于他发展的本能时，他就不可能服从了。当成人为了他自己的个人利益而要求儿童作出牺牲时，就好像当儿童出乳牙时阻止乳牙的出来。儿童发脾气和反抗，只是儿童创造性的冲动和他所爱的那个成人并不理解他的需要之间一种生死存亡的冲突的外部表现。当儿童不服从或发脾气时，成人应该始终想到这种冲突，并力图把它看作对儿童发展所必不可少的某种未知的生命活动的一种防御。

我们应该记住，儿童爱我们并想服从我们。儿童爱成人胜于其他任何东西，然而，反过来也常常可以听到：“那些父母多么爱他们的子女啊！”或者“那些教师多么爱他们的学生啊！”之类的话。进而，他们就肯定要教育儿童爱他们的父母、他们的老师和所有的人，甚至植物和动物。

但是，是谁教他们所有这一切的呢？谁能教一个人怎样爱呢？难道是那些把他的子女的所有表现称作发脾气，并且只想到保护他自己和他的财产免遭儿童侵犯的成人吗？这样的成人不可能是一位有爱的精神的教师，因为他并不拥有我们称作“爱的智慧”的那种敏感性。

相反，实际上是儿童，他爱成人，并感到需要有个成人在他的身边，而且很高兴能引起人们对他的注意：“瞧着我！和我在一起！”

晚上他去睡觉，儿童就叫唤他，因为儿童爱他并不愿看到他离开。当我们去吃饭时，一个正在被喂奶的孩子也要一起来，他倒不是为了吃，而只是要待在我们的身边，以便能看着我们。成人未能意识到儿童的这种深厚的爱。但是，我们应该记住，现在如此深厚地爱我们的幼儿终将长大和消失。到那时谁还会像现在这个儿童那样地爱我们呢？谁还会在去睡觉前叫唤我们并充满深情地说：“和我在一起”，而不是冷漠地祝我们“晚安”呢？当我们吃饭时，谁还会如此真诚地希望站在我们身边仅仅是为了看着我们呢？我们防御这种爱，我们将永远再也找不到另一种同样的爱了！我们喋喋不休地说：“我没有时间！我不能！我忙！”然而在思想深处我们所想的是：“你必须纠正儿童，不然的话，你终将成为他们的奴隶。”我们想摆脱掉儿童的束缚，这样我们才能做我们喜欢的事情，我们才会不至于感到不便。

早晨，儿童进去唤醒他的父母，这是一件极讨厌的事情。但是，如果不是爱，还有什么东西会促使一个儿童一醒过来就去寻找他的父母呢？黎明，当儿童一早从床上起来，他就去找仍然在睡觉的父母，似乎要说：“学会圣洁地生活吧！天已经亮了！是早晨了！”但是，儿童到他的父母跟前，不是去教导他们，而只是去看他所爱的那些人。

父母住的那个房间也许仍然是暗的，门紧闭着，黎明的霞光并没有打扰这两位睡眠者。儿童来了并触摸他的父母，父母抱怨道：“我们已经跟你讲过多少次了，不要一清早就来叫醒我们。”儿童回答说：“我并没有叫醒你们，我只是要给你们一个吻。”实际上，他说：“我并不希望把你们从睡眠中唤醒，我只是要唤起你们的精神。”

孩子清早起来，不仅是喜爱美丽的早晨，他们还深爱着总是睡过头、浑浑噩噩的爸爸妈妈。孩子的到来给了我们一个新的开端，他唤醒了我们的知觉，用另一种方式使我们保持清醒。孩子用与我们不一样的方式，每天早晨出现在我们面前，好像是在说：“你们可以过另外一种健康的生活，完全可以过得比现在还好。”

孩子需要严父严母，更需要慈祥、宽容和尊重，父母的爱是“好心”所为，但更要有一个好结果。父母的任何言行，即使出发点是对孩子的爱，也要考虑未成年人的心理特征和行为水平，更要考虑孩子们的想法和感受。

确实，儿童的爱具有极大的重要性。父母对一切都麻木了，需要一个新人去唤醒他们，用他们不再拥有的那种充满生气的和富有活力的能量再次激发他们。父母需要一个以不同方式行动的人，每天早晨他会对他们说：“复活另一种生命！学会更好地生活吧！”

是的！更好地生活！感受到爱的精神！

没有儿童对他们的帮助，成人将颓废。如果成人不努力自我更新，一层硬壳就开始在他心脏的周围形成，最终将会使他变得麻木不仁。我们想起了上帝的最后审判，这时耶稣基督将转向那些该死的人，以及那些在人世间从来没有运用他所拥有的手段进行自我更新的人，责备他们说：

“给我走开，你们这些该诅咒的人，因为当我生病的时候，你们却不来给我治病。”而他们将会回答说：

“但是，主啊！在那个时候，我们不是曾经来看过你吗？”

“无论何时，你们所看到的贫困或患病的人就是我。给我走开，你们这些该诅咒的人，因为当我身陷囹圄时，你们却不来看望我。”

“但是，主啊！何时你曾经进过监狱呢？”

“我就是每一个身陷囹圄的人。”

《福音书》上的富有戏剧性的记载证实了这个事实，成人应该安慰隐藏在贫穷、被定了罪的和正在遭受苦难的人中间的耶稣基督。如果我们把这激动人心的场面运用于儿童身上，我们就会发现，耶稣基督似乎也是以儿童的外形呈现的人。

“我爱你们。早晨我来唤醒你们，而你们却拒绝我！”

“但是，主啊！何时早晨你到我的屋前来唤醒过我，而我又拒绝过你呢！”

“当你的小孩来叫你们时，他就是我。当他恳求你们不要离开他时，他就是我！”

蠢人！是耶稣基督来唤醒我们，并教我们爱！但我们却认为，这仅仅是儿童的一时兴致，从而丧失了我们的爱之心！

是的，我们应该更好地生活，感受爱的抚摩。如果少了孩子的这种爱，成人将会变得多么颓废呀！如果不努力自我改造和更新，周围就会形成一道坚固的屏障，使我们变得麻木不仁、毫无激情。

所以说，父母不能单纯地把对孩子的爱当成一种情感，更不能以这种情感为凭据，抱着“我做什么都是为了孩子”、“这样做是因为我爱我的孩子”等借口，变相地撕碎孩子的尊严，刺伤孩子心灵。

溺爱不是真正的爱

物质上的富裕往往带给儿童精神上的贫瘠。其实，不溺爱儿童，才是对儿童真正的爱。

一位美国的教师曾经给我写了这样一封信：“那些娇生惯养的孩子喜欢相互之间抢东西。如果我想要奖励某种物品给一孩子看，其他孩子就会丢掉自己手上的东西，围着我要。过一会儿，当我拿出另外一种物品给一个孩子时，他们又都会为此而争吵不休。他们从一个物品到另一个物品，对任何东西都没有留恋。在许多情况下，这些儿童的行为是自发的、毫无目的的，他们只会满屋地奔跑，毫不在乎这样做带来的损害。他们碰撞桌子，掀翻椅子，踩在为他们提供的材料上。有时候，他们开始会在某个地方工作，然后就跑开，拿起另一件物品，但接着没有任何理由地又把它丢掉了。”

和“儿童之家”的贫困儿童相比，娇生惯养的孩子教育起来问题更多，更严重。富裕家庭的孩子不会轻易被寻常小事和清幽风景所吸引，他们往往对那些让贫穷孩子着迷的事物不太感兴趣，他们也不会选择那些本应能满足他们需要的物品。比如：家庭贫困的儿童，当给他们精致玩具的时候，他们会迫不及待地跑过去。但是，富家子弟就不会这样。因为他们已经厌烦了精致的玩具，他们不会对提供给他们的刺激立即做出反应。

类似的情况还有，一位法国老师在给我的信中这样写道：“我的教学十分失败，这一点我必须承认。这些孩子在一件事情上最多只能集中几分钟的注意力，干事情没有持久性。他们经常就像一群羊一样，相互跟来跟去。当一个孩子拿起一件物品时，其余的人也要这样东西。有时他们甚至在地板上打滚，弄翻椅子……”

此外，罗马的一所招收富家子弟的学校的老师也认为：“我们最关心的事情是纪律。这些儿童在学习时乱搞一通，并拒绝接受指导。”

针对以上的问题，到底该如何面对这些富家子弟，教师又该怎么办呢？

那位法国老师继续写下她的教学经验：“几天以后，那些孩子对起初不屑一顾的物品产生了兴趣，他们开始独立行动了。一个孩子如果被一件物品所吸引，他就不会对其他的东西分心。这些儿童开始寻找他们各自感兴趣的东西。我曾经试图用学校里几乎所有的物品去激发一个孩子的兴趣，但没能引起他丝毫的兴趣。但偶然有一次，我给他看两块不同颜色的写字板，一块是红色的，一块是蓝色的，叫他注意这两种颜色。他马上高兴地接受了，似乎一直在等待着它们。结果，在一堂课的时间里，他认识了五种颜色。在以后的几天里，他拿起了过去所有瞧不起的物品，渐渐地，他对所有这些东西都感兴趣了。”

法国老师继续说到：“有一个孩子最初注意力非常不集中，干什么事都难以持久，但当他对一件复杂的计算工具感兴趣之后，就摆脱了以往没有耐性的状态。整整一个星期，他不断地摆弄这个东西，并学会了数数儿和做简单的加法。然后，他又开始玩一些较简单的材料，就这样对所有的物品都感兴趣了。”

所以说，孩子一旦发现某种使他们感兴趣的东西，就可以摆脱那种不稳定性。

这位法国教师还就唤起儿童的个性列举了下面的事例：“有一对姐妹，妹妹3岁，姐姐5岁。妹妹做事没有什么个性，在所有的事情上几乎都模仿她的姐姐。如果姐姐有一支蓝色的画笔，妹妹就会不高兴，直到她也有一支蓝画笔为止。如果姐姐吃橘子，妹妹除了橘子之外，就什么都不吃……此外，妹妹对周围的任何事情都不感兴趣，她只会跟着她姐姐到处走，模仿姐姐所做的每一件事。但是，有一天，她突然对一些红色的积木很感兴趣。她拿起它们搭了一座城堡，并多次重复这项游戏，在这个过程中她完全忘掉了姐姐。姐姐不解地问她，'为什么我在画画的时候你却在搭城堡？'从那一天开始，这个小女孩找到了自己的个性并开始发展，再也不是姐姐的翻版了。"

法国老师继续写道："圣诞节之后，我的班级里发生了非常大的变化。一切都变得有秩序起来，但事实上我并没有插手做任何事情。这些孩子似乎完全被他们的工作吸引了，再也不像从前那么漫无目的地做事了，他们还会主动拿起以前感到厌烦的物品。过去只凭一时冲动去选择物品，现在他们会把精力集中在一些艰难的任务上，并学会努力克服困难。这些努力对他们的性格产生了直接的影响，他们成了自己的主人。班里有一个 4 岁的小女孩，这个女孩只要拿着水就会把它洒出来，不管是半杯还是一杯，所以她故意不做这件事，但是，在她成功地完成了另一项令她感兴趣的练习之后，就能自如地给正在画水彩画的同学送水，而且一滴水也不会洒出来。"

以上这些教育孩子的情况在所有孩子的成长过程中都可能出现。因此，在大人还没有发现孩子真正感兴趣的东西之前，教师的经验可能无休止地重复着，目的都是为了让孩子的兴趣集中到某一件事情上。最后所有孩子在兴趣集中的基础上，神经质的孩子变平静了，有压抑感的孩子恢复了活力。

孩子这些固定下来的品质或性格具有一种巨变的特性，它预示着孩子以后的发展状况。就像孩子的牙，第一颗牙长出来了，其他的牙齿也会陆续地长出。在儿童训练中的一个最初的错误会成为他以后生活中无数错误的根源。

因此，对娇生惯养的孩子可以采取一种特殊的心理治疗方法，有助于让孩子回到正常的状态中去。试想一下，正常家庭中的孩子，很早就能够学会克制自我，拥有独立的个人意识，不愿无所事事地到处乱跑，每天平静地生活和有秩序地活动才是他们的主要事情。当我们用这种眼光看待儿童时，对这些娇生惯养的孩子采取回归正常化的治疗，就有一种人性“皈依”的感觉。对孩子进行心理治疗，可能开始的时候会比较艰难，而一旦恢复了健康状态，这些娇生惯养的孩子一切性格上的缺陷将完全消失。

如果大人都能用这种眼光来看待儿童，那么很快就能发现，即使在不良的环境中，正常化也会自发地展现。虽然由于儿童的正常化没能得到承认或帮助，这些正常发展的迹象会被否定，但它们仍然会作为充满活力的原则而得到恢复。这些原则能越过障碍物，使得孩子的行为要求和心理需要得到满足。

母爱的天性本能

父母在爱孩子的过程中付出着自己的努力，付出越多他们就越快乐，对父母来说，这种付出也意味着一种收获。生命的本性即是如此。

如果我们想要进一步了解儿童心灵和智慧的秘密，可以对生产前的胎儿做进一步的研究。生物学的研究一般是这样进行的，如果要研究生物或动物，采集的样本大多数是成熟的个体，以前对人类的研究也是如此。但是我们现在要对幼小的生命进行取样研究，也就是反其道而行之，因此，胚胎学受到了科学家们的重视。通过胚胎学的研究，我们知道受精卵是由两个成年男女的细胞结合的产物。孩子的生命初始于成人，也结束于成人，这就是生命的旅程。

幼小的生命是在爱的氛围中降生到这个世界上的，他们是父母爱的结晶，出生后又被父母的爱所包围着。这种爱不是人工的，也不是出于理性的考虑，而是一种自然而然的感情，是一种真情流露。它与慈善家、传道士或社会活动家所倡导的爱是不同的。只有孩子在成长中所经历的爱，才是人类之爱的理想境界，这是一种无私、无悔的奉献。这是人类的一种特殊的本能，比自然界中适者生存的竞争关系要高尚得多。因此，法国生物学家法布尔在解释物种延续的原因时指出，这不仅是由于幼儿具有天生的防御能力，更由于他们具有一种伟大的母性，这在低等动物保护其幼小的下一代所做出的举动中就可见一斑。

由于认识的局限性，19 世纪的科学家曾经认为人的每一个胚胎细胞都是成人的一个微缩版，并且在逐渐长大。有些时候，他们甚至围绕这个“微缩版成人”到底是男人还是女人进行了激烈的争论，直到显微镜的出现，这一争论很快被进一步研究的发现所代替。研究发现，胚胎内并不先天存在着人的雏形，而是由细胞的不断分裂而不断成长。受精卵一分为二，再由二变四，不断地分裂繁殖，最后形成了人的胚胎。目前研究得到的结论是，胚胎的发育就如同建造一栋房屋必须要先累积砖块一样，当细胞分裂到一定数目时，就构筑了四面的围墙，然后在墙内开始筑造器官。这种筑造器官的方式十分特别。它开始于一个细胞，然后会围绕着这个细胞进行不断地快速分裂，进行到一定的时间后，这种活动停止了，身体器官就产生了。对此现象科学家们解释说，每个细胞既是带着特定的目的而独立发展的，又是围绕着一个中心而集体活动的。它们不断地变化着，与周围其他细胞的差异越来越大，慢慢地就呈现出将要形成的器官的样子。当不同的器官分别形成的时候，就会出现一种力量使他们相互吸引并组合到一起，形成一个完整的整体。

一个幼小的生命就这样诞生了，看起来是如此神奇。首先是循环系统把全身的器官联系起来，然后是神经系统的联结，在这里所显示的构造过程都起始于一个基本点，有这个基本点出发完成一个个器官创造组合的过程，最终呈现出一个独立的生命体。可以说，所有的高等动物都遵循着这一原则进行发育的过程，自然界也只有这一种构筑规则。

那么人的心灵是怎样构建的呢？似乎也是遵循着这样的路径发展着。它也是从虚无开始，在新生儿的心理层面，一开始并没有任何现成的东西，但是新生儿的身体也是在不断地搜集资料，不断地吸收到自己的心智中。当这些资料累积到一定的数量，就会出现许多的基本点，而心理的发展就首先围绕一个基本点展开。当然，由基本点所获得的发展还不是心灵的发展，而是心灵活动所需要的器官。如胚胎的发育一样，心灵器官也是围绕一个中心各自独立发展的，例如说话、四肢的运动、辨别方向以及其他运动协调能力的发展都是如此，它们围绕着一种趣味发展，吸引着孩子对某类活动着迷。当所有的器官都发育完成，它们就结合起来成为心灵的组成部分。

如果我们不了解这个过程及其发生发展的顺序，我们就不能理解儿童的心灵是如何构建的。也许有人会说，以前不懂这些的时候，一样可以养育出健康的后代。但是我们现在生活的时代，原来赋予母亲的那种本能受到了压抑，甚至消失了。从前，母亲可以依靠本能帮助孩子在婴幼儿时期获得发展，走到哪里都带着孩子，时刻为孩子的成长创造着环境，并且用母爱来保护他。但是现在的母亲已经不具备这样的条件，而且这种人性的关爱也趋向于退化。所以，研究母性的本能与研究孩子的自然发展是同样重要的，因为这两者是相辅相成的。

让我们想想办法，使得母爱回归天性自然吧！事实上，母爱本身就是一种伟大的自然力量，科学家们应该重视帮助那些母亲恢复他们失去已久的本能。我们应该教母亲发掘这种本能，让她们在孩子一出生的时候就给予儿童心灵的保护。尽可能不要把孩子交给护士，尽管她们受过训练，护理也十分合理和卫生，但也只是在满足着孩子的生理需要。过分依赖护士护理的孩子，可能由于缺乏与母亲那种无声的情感交流，心灵发展比较匮乏。

荷兰某城市就发生过一件骇人听闻的事情。有一个福利机构收留了一些失去父母的孩子并进行了妥善的安置，在这个福利机构中有着科学的管理方法，营养丰富的食物，并且由受过专业训练的护士照顾这些孩子。同时这个机构还尝试着教导一些低收入的母亲对孩子进行卫生保健的方法。不久后，这个城市发生了大规模的传染疾病，使得福利机构的孩子大量死亡，而那些由低收入父母照顾的孩子反而没有患病，而且比那些被照顾得很好的孩子更健康。经过大量的调查发现，虽然孩子在机构中会受到很好的照顾，但是这些护士与孩子缺乏情感的交流，孩子的心灵并没有安全感。因此，我们说只有发自内心的爱，并结合科学的养育方法，才能最有利于儿童的成长。

在成长过程中，孩子那懵懂的心灵，正在逐渐被打开并茁壮成长，它正一点点地让被动的躯体活跃起来，并唤醒自我意识，他开始对周围的环境感兴趣了，在实现自我的努力下，他的肌肉也活动起来。我们必须对孩子的努力给予理解和支持，我们应该用科学的方法试着去了解孩子的心理需求，并创造出一个符合孩子成长需要的环境，促使儿童心灵的构建。

早期教育决定一生

对于父母亲来说，生下一个健康的孩子，仅仅是第一步。父母还需要从孩子一出生，就对他们进行正确的教育。

儿童并不是一个毫无生气的、处处需要我们帮助的个体，并不是一个需要我们填充的空瓶子。相反，正是儿童造就了成人，没有人能不经过儿童时期就独立地成了人。

作为一位著名的民族领袖，甘地曾宣称，教育必须贯通整个生命。不仅如此，他还表示教育的核心意义应该是捍卫生命。这也是头一次有社会领袖对这个问题做出表示。贯穿一生的教育不仅是必要的，而且从 20 世纪初直至今日的所有事实也表明，贯穿一生的教育会使人在实践中取得成功。但即便如此，目前还没有任何一个政府教育机构采纳这一观点。

我们现在的教育五花八门，但只将注意力集中在方法、目标、社会需求上，却忽视了人本身。从世界各国官方采用的教育制度来看，没有哪一种是注重人出生之后本身的教育，并对他的发展进行保护的。而今，教育被认为是脱离了生物学以及社会生活而独立存在的。所有受教育的人都与社会隔离开来。大学的学生被要求遵守学校校规，还要遵循当局制订的教学大纲进行学习。直到现在，可以说，教育依然没有将学生的物质环境和社会需求考虑在内。如果一个学生吃不饱，或者视力下降、听力有问题，从而影响了他的能力，那么他只能得低分。纵然现在学生的生理缺陷已经得到关注，但也仅限于卫生保健方面。没有人关心不健全以及不合理的教育方法是否会对儿童的心理造成威胁和损害。克莱帕瑞德领导的如火如荼的“新教育”运动已经对课程设置的数量是否合适，进行了深入调查，并且在努力减少课程数量，以减轻学生的大脑疲劳。但是这一运动并未涉及儿童为何可以毫不费力地吸收文化这一问题。大部分政府教育机构只关心教学大纲的实施和完成。若是有大学毕业生对社会的不公正或是对自己深有感悟的某些社会真相做出反应，那么当局就会发出命令，称年轻人不应该涉足政治问题，而应该专注于学习。接下来就是这些思想受到禁锢的年轻人在离开学校的时候已经失去了他们自己的个性，根本不能对他们所处的时代问题做出正确的判断。

时下流行的思想是：儿童的教育应从七八岁开始。这种观念为人们普遍接受。之外还有早期教育有损于儿童健康的论调，这使一些父母深感恐惧。然而，这跟我的观念是非常冲突的。

我的教育观念是，教育必须从出生那天起就开始进行。也许有人会觉得这不免夸大其辞，也有人反对我尽早开始教育孩子的观点，但我仍然这样去做了。

事实上，从孩子出生到他 3 岁的这段时间，是非常重要的时期。孩子的大脑在这一时期接受事物的方式同他长大后截然不同。

儿童尽管具备潜在能力，但这种潜在能力随着开始发掘时间的推迟而递减。也就是说，生来具备 100 分潜在能力的儿童，如果从早期就对其进行科学、理想的教育，那么他就可能成为具备 100 分能力的成人；如果从 5 岁开始教育，即便是教育有方，那他也只能成为具备

80 分能力的成人；而如果从 10 岁开始教育的话，教育得再好，他也只能是达到具备 60 分能力的成人。这就是说，教育开始得越晚，儿童的潜能就发挥得越少。

我们都知道，婴儿在刚出生时并不能够分辨出人们的面孔，但是过三四个月或是再晚一些，他就能够将母亲和别人的面孔分辨出来。这并不是因为他对不同面孔的特征进行了理性的分析后才记住的，而是他通过反复地观察，将母亲的面孔在他的大脑中复制了一个“模式”。

婴儿的这种模式识别的能力，远远超出我们的想象。所以我们对于 3 岁以前的婴儿，就要采取这种“模式教育”的方式。3 岁以前是可以对孩子进行“硬灌”的时期，因为这个阶段的婴儿不会厌烦多次重复的事物。他们依靠自己的直觉，能够在很短暂的时间内掌握事物整体的模式，他们的这种识别能力，远远地超过了成人。由于他们的大脑还处在一个空白状态，无法像成人那样进行分析判断，因此，可以说他具有一种不需要理解或领会的吸收能力。如果不把你认为正确的模式，经常地、生动地反复灌入到幼儿尚未具备自主分辨好坏能力的大脑中的话，他也会毫无区别地大量吸收坏的东西，从而形成人的素质。

就像古谚说的那样：“从小时候就可以看到你成人以后的样子。”孩子到 3 岁时，就已形成了长大之后一些基本的性格和素质。如果我们仔细地分析所有的人，都毫无例外地能从他们身上看到他们 3 岁以前的环境，以及这种环境对他性格及素质形成的影响。所以，“模式时期”决定了人的一生。

那么我们向 3 岁以前的婴儿“硬灌”些什么呢？我想主要有两个方面：首先是要反复灌输奠定婴儿智力活动的大脑基础模式，像语言、音乐、文字和图形等；另一方面我们要给他输入人生的一些基本准则和做人的态度。

我之所以如此重视早期教育，并不是毫无根据的臆断。有这样一个例子可以证明。

英国司各特夫妇携带他们的新生婴儿出海旅行，行至非洲海岸时遇到大风暴，船被巨浪打翻，全船的人都遇难了，只有司各特夫妇带着儿子爬上了一个海岛。海岛荒无人烟，并长满了热带丛林。司各特夫妇很快就被热带丛林里的各种疾病夺去了生命，只留下小司各特。后来一群大猩猩收养了只有几个月大的小司各特。他就跟着这群动物父母成长。二十多年后，一艘英国商船上的人们在岛上发现了小司各特，他已经是一个强壮的青年了。他跟一群大猩猩生活在一起，像大猩猩一样攀爬跳跃，在树枝间荡来荡去，他不会用两条腿走路，也不会说一句人话。人们将他带回英国，引起了科学家们的浓厚兴趣。科学家们像教婴儿似地教小司各特，力求让他学会人的各种能力，期望他重归人类社会。

他们花了 10 年功夫，小司各特终于学会了穿衣服，用双腿行走，但是，他始终都不能说出一句连贯的话来，要表达什么的时候，他仍习惯于像大猩猩那样吼叫。

这是因为人学习语言能力的发达期是幼儿时期，而小司各特当时已经 20 多岁了，他错过了学习语言的最佳时期，他的这种能力就永远消失了。这也说明，儿童潜在的能力有着递减法则。家长在教育孩子时，最重要的就是杜绝这种递减。因为这种递减会使孩子的能力发挥不出来，甚至是枯死。

因此，为了避免和杜绝孩子潜能的递减，就必须及早对孩子实施教育。人类的遗传为所有的孩子提供了一个全面发展的机会，既然是机会，那么这个机会就有出现的时间，这个时间不在小学，也不在中学大学，而是在学前，尤其是 0 ~ 3 岁。

新时代的教师

教师要像熊熊的火焰一样去激发儿童、诱导儿童，并赋予他活力。这是教师的职责所在。

在一般传统的学校里，教师只要注意到认识儿童的行为，知道照顾他们，也知道为了教育他们应该做些什么就可以了。但是一位合格的“儿童之家”的教师除了做上述事情以外，还须走入孩子的精神世界，这是两者之间最为根本的区别。

来到“儿童之家”的教师要深信儿童会在学习和操作中流露自己，表现自己，他们也应该暂时放下在发展心理学中所学到的以不同年龄的幼儿发展常态来断定幼儿的习惯。

要使孩子们专注于操作，就要关注他们的内在动力。一般来说，教师应注意以下三个方面：

第一，良好的环境能诱导孩子们集中自己的注意力，因此，教师的首要任务便是专注于环境的维护。我们知道，几乎每一个家庭主妇都喜欢把家里整理得让人觉得舒适、喜爱，不只是为了自己，也是为了她的丈夫。一个让人心生喜爱的家，基本上都是井然有序的，每一样东西都有一个固定的位置，整洁、明亮而且悦目，这些都是一个家庭主妇首先会注意到的。

在学校里，教师也要首先注意到这些，一切都要很有秩序。教具要保持美观，要擦得很干净，没有一点灰尘。这样会让孩子们觉得所有的东西永远都是新的、完整的。一切都有充分的准备，让孩子随时随地都可以取用。教师本身也要使孩子喜爱，很细致地常常使自己保持整洁、平和、高雅。每位教师要设法达到这样的状态。

教师还要切记在他们面前的孩子个个都是上帝所特别钟爱的。教师为了孩子而修饰自己，使自己的言行动作优雅、宜人，这是教师表达对孩子尊重与了解的第一步。我们可以经常听到孩子们对他自己所喜欢的人说："好美啊！美得和我妈妈一样。"可能他的妈妈根本不美，但在孩子心目中，妈妈永远是世界上最美丽的。他会对自己的老师说："你像我妈妈一样美丽。"在孩子周围的每一个人都应算是环境的一部分，而教师更是环境中最具影响力的一部分。

在所有其他的教学准备之前，教师首先要对孩子的学习环境用心经营。这是一个间接却非常重要的工作，如果环境没有维护好，无论是在生理、心智与精神方面都不可能收到什么良好的效果。

第二，当我们了解到学习环境的重要性后，接着要探讨的就是教师对孩子们的态度。在儿童进入全神贯注地操作之前，教师应该带他们活动，使孩子们喜欢上自己。我曾经读过一本圣人传记，在一个风气还不太坏的城里，这位圣人设法召集一些在路边流浪的孩子。在教育他们之前，他只设法带他们玩耍，让这些孩子对他有好感并喜欢他，这一点就是教师需要学习的。

其实，活动本身并不很重要，但教师的参与及对幼儿活动感兴趣的态度，能使孩子们深深地被教师吸引。实际经验证明，一位活泼的教师比不活泼的教师更吸引孩子。如果愿意，每位爱小朋友的教师都可以成为活泼的教师。每一位教师都有能力以愉快的声调说："为什么今天我们不自己换一下书架的位置呢？"说完后就和小朋友一起工作，鼓励每一个孩子，重视每一个孩子。在孩子们当中流露出愉快的心情，使孩子们喜爱他。他可以对某一个小朋友说："你的铜器擦得这么亮啊！真好，向大家展示一下吧！”也可以对另一个小朋友说：“你和老师一起去花园采一些花，好不好？”等等，教师的每一个行为都可以变成对儿童的邀请或激励。

在这个过程中，常会有些儿童不断干扰别人，最实际的办法，就是禁止他们干扰。虽然我们说过，并再次反复强调，当儿童全神贯注于操作时，不能干扰他们，不能中断他们的操作情绪，更不能扫了他的兴。

在儿童不断干扰别人时，正确的技巧却正好相反。在此要中断干扰别人的儿童活动的行为，中断的方式可以是一种对他行为表示惊讶的态度，或是对暴躁的孩子表示特别关心。他扰乱别人时对他特别关爱，用关爱介入他暴躁的行为时，会在孩子心中引起一连串的惊奇，久而久之就能看到效果。

教师干预孩子的方式，可以用下面的方法表达：“你怎么啦？来！到我这来，我有一些事情要请你做呢！”很可能他不理会这邀请，教师可以再向他说：“你不喜欢是吗？好！没关系，来！我们一起到外面院子里走走。”教师和他一起，或请助理陪他，在被照顾下，他的脾气会消失，其他的孩子也不会再受到他的干扰。

第三，一般的现象是，孩子先对日常生活的操作感兴趣。我们不要在未能达到操作教育之前就给儿童介绍一些心智发展的感官教具，或其他认知发展的教具。经验告诉我们，这不但一点也没用，而且会伤害到他们的发展。一定要等到儿童专注于某些活动，前面已经说过，最先引起儿童专心操作的是日常生活教具的操作，当儿童开始对某些日常生活的工作感兴趣时，教师不要中断他，因为这样的专注符合自然发展的法则，从此会展开一连串的工作，这专注的情境开始时是那么的脆弱、那么细致，而且很容易消失，就好像肥皂泡一样，一碰就没有了。那美好的、全神贯注的情境，一不小心也会消失殆尽。

教师这时要非常注意，不要以任何方式干扰儿童。这是教师常犯的错误。因为在此之前，儿童一直很难进入专心操作的情境，而不停干扰周围的人，好不容易他专心于某项工作，但教师在致力于工作时，即使只是在经过他身边时，稍微赞美了他一声，说了个“好”字，就足够使他又开始顽皮，而且可能会让他在一两个星期内不对任何工作感兴趣。

另外一个例子，当一个孩子在操作中遇到了困难，教师如果为了帮助而介入，那么他就会自己走开，留下教师自己在那儿。儿童的兴趣不只在于专心工作，更是因为希望能克服苦难。同样的，如果儿童拿重东西，教师来帮忙，常会发现儿童丢下教具及教师，自己却走开了。

赞美可以帮助别人，但是有时甚至只是瞥了他一眼，就足够中断或者破坏那已经开始的工作情境。说起来是很奇怪的，但是就是会发生。只要儿童发现有人在看他，这情境就中断了。如果有人来看我正在做什么，不愿继续工作的情况也会发生在我们身上。

一个使教师成功的原则是这样的：当全神贯注的情境一开始时，就当作孩子不在教室里。当然可以看他正在做的工作，但是只要稍微用眼睛瞥他一下，而不要让他发觉。在全神贯注后，儿童不会因无聊而心中苦恼，也不会不停地从这样东西转到那一样东西。他会被内心的决定引导着，开始选择他要的工作。在自由选择时，往往会出现一个问题：如果有很多人希望操作同一样教具时，教师不应介入，不必帮他们解决。儿童自己会解决。教师的责任是，当发觉所供应给儿童的教具他们都会了，要马上介绍新的教具。在实际经验中，教师会获得不干预儿童的工作技巧，但这也不是很容易获得的，他愿意把自己提升到一个较高的精神境界。教师真正的精神，在于能使儿童自己充分地表达他自己，如果说是我们在帮助他，那会是教师自傲的流露。

在“儿童之家”，通常，儿童学习照顾自己的第一步就是练习自己穿衣服和脱衣服。因此，教师和大人可以将很多布料或皮革等钉成四方框做教具，用它来训练孩子。同时还可以训练儿童扣纽扣、使用挂钩、系带子等。实际上，这些活动中包含了人类创造的穿衣、系鞋带，以及做其他事情的所有方法。教师和儿童坐在一起，将手指的动作慢慢地演示出来，再把动作分解成若干更详细的部分，这样孩子们就能看懂并且很快学会了。

举例来说，训练的第一步，可以把四方框上的两块布先对齐，然后从上到下对正，将两块布系好。如果在四方框上练习系纽扣的话，教师应该给孩子演示分解动作。先捏好扣子，再将其对准扣眼，接着再全部放进扣眼中，最后，教师对扣子调整穿过扣眼的位置。此外，教师教孩子们学习打蝴蝶结也一样，先开始系丝带，分步骤演示，最后打成蝴蝶结。

“儿童之家”的教育实践中，还专门录制了教孩子们用丝带打蝴蝶结全过程的系列电影。看过这个系列电影的孩子们，打蝴蝶结的效果非常好，他们会和别的孩子一起分享自己的成果，他们会十分耐心、细致地学习分解动作。教孩子进行练习，首先要让孩子以最舒适的姿势坐好，在桌子上练习使用四方框。他们兴趣盎然地在这个四方框上多次练习系扣子和解扣子，会使双手变得十分熟练和灵活。只要有机会，孩子们就想给真正的衣服系扣子，并对此非常入迷。

就这样很快，不可思议的事情发生了，最小的孩子不但想自己穿衣服，还试图给他的小伙伴们也穿上衣服。从穿衣服中，他们寻找到乐趣，随时随地寻找练习的机会，十分认真，不再需要大人帮他们穿衣服了。

按照上面的教育方式，教师还可以教孩子们进行洗涤东西，摆放桌子等活动。在开始时，教师必须参与，给孩子们准确地示范动作。

教师可以少说话，也可以不说话。教师要教给孩子所有的动作：怎样坐下，怎样从椅子上站起来，怎样拿东西递给别人等等。教师还要教孩子们把盘子、碟子一个个擦好放到桌子上，还可以要求孩子们不能发出任何声响做完这件事。

如果参加运动实践的孩子们较多时，教师可以安排孩子们轮流做家务，比如上菜、洗碗碟之类。这种轮流制度可以让孩子们认真愉快地执行任务。即使才2岁半的孩子，也会很自觉地去做自己应做的工作，根本无须教师要求太多。

事实上，的确如此。教师仅用少量的暗示和简单的指点，就可以给孩子们很好的起点，接下来的事情，就让孩子自己学习、探索和成长。在互相学习之后，孩子们就开始兴致勃勃地工作了。在宁静活跃的气氛中，孩子们将更具有爱心，也会形成互帮互助的品德。稍大一些的孩子，对小同伴在成长中的进步，表现出的理解和关心最为奇妙。使孩子获得这种宁静平和的环境，使他犹如置身家中。

从这些电影中，我们可以看到“儿童之家”的真实情况。孩子们认真履行自己的职责，不断地走来走去，教师则坐在角落里，关注着孩子们的一举一动，无须多做什么。也有一些孩子们照顾“儿童之家”的画面，表现出孩子们爱护他人和周围环境的行为。我们可以看到他们在洗脸、擦鞋子、擦洗家具、掸去地毯的尘土，就连计步器上的金属显示器都被擦得锃亮等。

在“儿童之家”的系列电影里，我们还能看到，孩子们可以独立地完成摆放餐桌的工作，他们分工合作，有的端盘子，有的摆放勺子和刀叉，还有的做别的工作。最后，大家在餐桌旁坐好后，小孩子就会端上来热腾腾的汤。

园艺和手工劳动课也是孩子们十分喜欢的。正如大家所知道的那样，园艺课是幼儿教育的重要内容，植物和小动物被认为是最吸引孩子注意力的物品。

在“儿童之家”，我们有一个很大的院子，像一个花园，那里种了很多植物，孩子们可以自由地在户外奔跑。另外，我们还有一片长形的空地，一边种着树木，另一边是用于栽种植物的凹凸地，中间是一条小路。我们把凹凸地分成许多小块，一个孩子负责一块。

当孩子们在道路上自由地跑来跑去或在树荫下休息时，土地的所有者（4 岁以上的儿童）正在播种，或锄草浇水，或检查土地表面，留意植物的萌芽。下面的故事很有趣：孩子们的土地紧挨着公寓的墙，这片土地之前是一个被遗忘的角落，因为它的尽头是条死路，因此，公寓的居民习惯于从窗户向外扔各种各样的垃圾，起初我们的花园就这样被污染了。我们没有劝告过居民，但是渐渐地，对儿童劳动的尊重在人们心中扎下了根，再没有人从窗户里往外扔东西了，只有母亲们对孩子心爱的土地投以关爱的眼神和微笑。

此外，泥塑可以成为孩子们手工课的重要内容。具体操作就是用泥土捏成小瓦片、小花瓶和小砖头之类的东西。当然，也可以利用模子之类的简单工具。制作这些东西的目的就是让孩子们记住整个制作过程。这个步骤完成后，孩子们在所有的小作品上上釉并用熔炉烘烤。烘烤好的亮白色或彩色瓦片被孩子们堆得似一堵墙壁，烘烤好的小砖块也被孩子们用灰泥和泥铲铺在地板上。孩子们还可以挖好地基，然后，用自制的砖块砌一段墙，或给小鸡小狗搭窝。

在体育训练时，可以安排给孩子们“踩钢丝”的环节。这里说的钢丝，是指我们用粉笔、颜料画在地板上的一条线。有时也能够画成两条椭圆形的同轴线。如同踩钢丝的演员一般，孩子们一个接一个地踩着线走。事实上，孩子们真的像踩钢丝演员一样，小心翼翼地保持着身体平衡走路。不过，由于“钢丝”只是画在地板上的线，孩子们丝毫不怕。教师可以做开始的示范，让孩子们看清自己是如何落脚的。

教师不必多说，孩子们跟在身后，就可以学习了。刚开始只跟着几个孩子，等教师演示完毕离开后，几乎所有的孩子们都开始自由练习“踩钢丝”了。

多数孩子们都能坚持走下去，他们迈着小心翼翼的脚步，努力去适应教师的示范，集中精力保持着身体的平衡，让自己稳稳地走在线上。最后不到几分钟时间，椭圆线或单行线上就站满了孩子们，他们摇晃着竭力保持身体平衡，紧盯着自己的脚走在线圈上，每个人的神情都十分认真和专注。

此外，值得提醒的一点是，放音乐配合孩子们练习，是一种非常有效的手段。教师可以选一支很简单的乐曲，不要有太强烈的节奏，这样在给孩子们伴奏的同时，还可以激发孩子们独立做事的精神。

其实教孩子们学习踩钢丝，重点就在于教会孩子们掌握保持平衡的方法，他们便会以极为标准和优美的姿势来走路，不仅步伐稳健自在，而且体态也会更加优雅起来。“踩钢丝”练习也可以运用多种手段，以使这个体育游戏做得更加丰富多彩。首先，为了帮助孩子们把握动作的节奏，可以在钢琴上弹奏进行曲。接着，连续几天反复弹奏进行曲，最后，使孩子们将节拍把握好，手脚配合，并且适应音乐节奏。

此外，还可以利用歌曲配合他们的“踩钢丝”练习。这样做的好处就是：渐渐地孩子们就可以听懂音乐了。就像在华盛顿的一所“儿童之家”学校里的做法一样，孩子们可以一边唱歌，一边在日常生活中运用教学用具工作。如此的话，“儿童之家”的孩子们就如“小蜜蜂”般，边工作，边歌唱，有趣极了！

儿童纪律性的发展之路

真正的纪律是积极的、主动的，发自内心的，这样的纪律才有可能被儿童迁移到社会实践中，成为儿童生活必需的一部分。

虽然说儿童的行动自由，但他们往往给人留下一种有纪律性的印象。儿童安静地专注于自己的工作，取出和归还教具时走路的声音都非常轻，离开教室也只在院子里张望一下就回来，从不久留。他们对教师的要求往往是迅速地执行。

一位教师对我说："儿童这样的听话，使我开始注意自己的言行，为自己每一句话负责。"教师要求儿童安静地练习，她在提出要求之后，儿童们就会纷纷带头表率，这种对纪律的服从没有阻止儿童的独立行动，也没有为他们自主安排活动造成障碍。他们各取工作所需要的教具，并保持整洁。假如教师来迟了，或者只有儿童留在教室，一切也能照常进行。他们自发地把秩序与纪律结合在一起，这是最吸引参观者的地方之一。

儿童表现出极好的纪律性，在教师提出要求后服从执行。为什么呢？儿童在工作时，教室里非常安静，没有人试图破坏这种气氛，也没有人通过虚假的形式来获得这种安静。或许是儿童找寻到适合他们成长的道路吧，就像星星在运行中不停地闪光一样。这种自然规律已经和环境无关，成为宇宙规律的一部分。人们应该具备的观念是，自然界的规律为诸如社会生活的所有其他形式规律提供了基础，事实上，能激起最大兴趣并为教育理论提供营养的事情，就是阐明了自由只能建立在秩序和纪律的基础上。很多人很难理解这一观点。

一次，阿根廷共和国大使在意大利总理的女儿陪同下来“儿童之家”参观访问。大使要求预先不作通知，她觉得耳听为虚，眼见为实，想要更确切地证实一下“儿童之家”是否与传闻中所描述的一样。

结果，因为有安排，他们到的那天却正逢假日，学校不开门。院子里一些孩子看到他们来后，马上走过来，其中一个对大使解释说：“即使是假日也没有关系，我们都在这幢大楼里，可以到门卫那里取钥匙。”于是，他们把小伙伴集合起来，打开教室的门后自主工作起来，向客人们证实了他们令人惊讶的自发性行为。意大利国王、王后及其他国家的一些名人也都在访问者的行列，他们到“儿童之家”看望孩子，这种前所未有的盛大场面让住在公寓大楼的人们惊讶不已。

孩子们的母亲经常会跑到我这儿，高兴地反映家里发生的事：“这些三四岁的小孩会说：‘该洗一洗你的脏巴巴的手了’，或者‘你是不是该把衣服上的脏东西擦掉?’听到这些，我们不仅没有恼火，反而觉得像在梦中一样。”

现在，出身贫困的儿童也把自己变得清洁、整齐了。他们清理掉了窗台上破碎的锅罐，把窗户玻璃擦得闪闪发光，连院子花坛中的天竺葵也被侍弄得花枝乱颤了。

所以，一些家庭妇女经常偷偷把天竺葵放在学校的窗台上或门前，并做一些好吃的饭菜送给教师，以表达他们的感激之情。

在“儿童之家”创办之初，儿童们并不理解集体秩序的含义。上课的时候，他们随意离开自己的座位，听教师讲课也不安静。在这种情况下，教师根本无法上课。所以，“儿童之家”很少上集体课。

因为授课是以个别方式进行的，因此，“简单”就成为授课的首要特征。“让你说的每句话都有意义”这句话给我们提了一个很好的建议，这就意味着我们说的废话越少，课堂内容就会越精彩。因此，教师在准备上课的时候一定要充分考虑和衡量自己说的每句话是否有价值。

“儿童之家”授课的第二个特征是“明了”。教师在讲课时一定要掌握分寸，不要说那些模棱两可的话。

教师上课必须客观，这是“儿童之家”授课的第三个特征。教师在讲课的时候，要尽可能地将自身的个性收敛起来，不能太过主观。教师应当明白，孩子的注意力是很容易发生转移的，因此在授课的时候，一定要保证孩子的注意力保持在他该注意的客观对象上。

科学家的实验精神是教师必须具备的，每一次上课都相当于一次实验。“儿童之家”授课的基本指导方法是观察法，教师要以一个观察者的身份来注意孩子的工作，包括教具的操作等，从而让孩子了解自由的含义并得到自由。所以，教师要观察孩子对上课内容是否感兴趣，以及他们感兴趣的时间能保持多久等等，甚至要观察课堂上孩子脸上的表情。在孩子使用教具的过程中，教师一定不要违反自由的原则，不要把自己使用教具的习惯强加给孩子，这样就会使孩子的努力变得很勉强，不真实。因此，虽然教师严格按照简单、明了以及客观的要求备课，但是在授课的时候孩子却没有听懂，不能清楚地理解教师所讲的概念，那么这个时候教师要思考两个问题：一是以后不要再上这样的课了；二是不要让孩子因为对概念的不理解感到自己做错了事。如果是后者的话，孩子就会努力去理解教师讲解的概念，使教师不能对孩子的心理自然地进行观察。

比如：一位女教师希望让孩子认识红色和蓝色两种颜色。她希望以此引起孩子们对物体的注意。因此，她就说："看这儿。"然后，为了教孩子认识这些颜色，她就向孩子们显示出红色的物体，说："这是红色。"她提高她的声音，缓慢而清晰地讲出了一个单词"红色"，然后，又出示另一种颜色物体，说："这是蓝色。"

为了确信孩子理解了它们，她就对孩子说"给我红色"或"给我蓝色"。如果孩子在学的时候没有弄清楚这些，这时，老师就不要坚持和重复了，她应该笑笑，然后给孩子一个友好的爱抚，把那些颜色拿开。

再举一个例子：一位教师要用几何形木板镶嵌的方法教学生认识正方形和三角形的区别，其实这堂课的任务很简单，就是把木板正方形和三角形分别镶嵌到正好可以容下它们的空框里就可以了。

我把具体的教学方法跟那位教师做了充分详细的解释，她需要做的就是示范给孩子们，然后让孩子们跟着她一起做，最后再告诉孩子，哪一个是正方形，哪一个是三角形，这样就可以了。可是这位教师却是这样做的：她先让学生摸正方形木板，并说："这是一条线，又是一条线，又是一条线，又是一条线，一共四条线。你数一下，告诉我一共是几条线？还有角，你数一下，角也是四个。这就是正方形。"对于教师错误的做法我是要及时纠正的，于是我告诉这位教师，她这样做不是在教学生认识形状，而是在教边、角和数的概念。她极力为自己辩解道："这是一回事啊！"这怎么是一回事呢？一个是几何分析，一个是算术。这位教师煞费苦心地讲解最终搅乱了孩子大脑中的思维。后来我对这位教师说，假如一个导游带你参观一个圆屋顶，用两种方式向你介绍：一种方式是他提醒你注意建筑物的美以及建筑比例的和谐，然后领你进去，使你能够亲眼目睹，再对圆屋顶有个基本了解的基础上，形成对圆屋顶的整体印象；另外一种是让你数窗户，数柱子，并且认真地向你介绍建筑的结构设计，向你说明建筑原理。在第一种情况下，你将获得关于圆屋顶形状的印象；在第二种情况下，你可能什么也搞不清楚。如果我们不直接对孩子说“这是正方形”，并让他们摸一摸，感受一下，而是上来就通过物体外形及结构的几何分析，那么孩子将永远不能建立起关于物体形状的概念。

我们确信，这个年龄段的孩子已经具备了理解简单的几何形状的能力，但如果在教他几何平面图形的同时也教他们数学概念，则会促进孩子早熟。教育必须循序渐进，我们之所以让孩子们多注意日常生活中各种形状，是想让他们对已经获得的关于形状的印象更加清晰，并让这种形状在大脑中成为一个固定的概念。这就如同我们在湖边散步时，突然有一位画家对我们说：“你看这湖岸的曲线多美啊！”他的这句话，使我们不经意看到的景色好像突然被阳光照亮了似的，会深刻地印在脑海中。在前进的道路上，我们不要忘记常常给孩子们光明，给他们以正确的指引。这是我们对孩子的责任。

我们人类虽然是一种高级动物，但也具有自然的本性，那就是崇尚自由。因此，对待儿童，我们也要首先将其看作植物、生物的生长，有其自然的发展规律。在这一发展过程中，儿童的肉体生命需要大自然的力量满足其身体发育，儿童的精神生命更需要与大地万物的融合满足其心灵慰藉。因此，一定要让儿童获得自由，赋予儿童自由活动的权利，让儿童在自由活动中体验自己的力量。只有在自由的环境下，儿童的生命潜力才能自发地通过活动表现出来，其天性才能得到自然地流露。

而关于“纪律”一词，我是这样理解的：只有当孩子成为自己的主人首当其冲遵循一些生活规则时，他才能管住自己的行为，我们才能认为他是一个守纪律的人。这样的纪律具有灵活性的概念，既不易被理解又不易被采用。但它包含一个伟大的教育原则，它不同于旧式教育里那种绝对的、不容辩驳的高压政策下的‘不许动’的原则。

总之，儿童是自由的，但并不是放任自流。自由和纪律是相辅相成的。自由以纪律为条件，同时纪律必须通过自由来实现。自由是灵活的，纪律必然也应是灵活的，教师说什么，学生就听什么，并不能说明这个学生就是遵守纪律的。真正的纪律是积极的、主动的、发自内心的，这样的纪律才有可能被儿童迁移到社会实践中，成为儿童生活必需的一部分。比如在“儿童之家”，教具的摆放有固定的位置，儿童在使用完教具以后，要放回原位，一方面锻炼了儿童的独立性，也增强了他们的秩序感，形成他们纪律性的品质。因此，纪律和自由是密切联系在一起的，儿童纪律性的形成也不是一朝一夕的事情，它需要教师长时间的观察和指导。

经过细心的观察和研究我发现，每个孩子孩子都有一种极力向外扩展的个性，他们有做事情的主动性，他们也能够选择自己要做的事并坚持做下去。他们不逃避做任何努力，相反总是努力探索并满怀喜悦地靠自己的能力克服困难。

儿童心理发展的动力是儿童内在的心理潜能，但是这些心理潜能的发展与环境有密切联系。为促使儿童心理的正常发展，我们必须以某种特定的方式给儿童一个有准备的环境，为他们提供所需要的直接外部条件，即提供给儿童一个不受约束的适宜儿童年龄的环境，一个能使儿童自由运动和活动的环境。另外，自由是教育体系中的一个重要教育原则，是教育的基础。观察、纪律教育、儿童的运动都是以自由为基础的，但也是有限度和有条件的，并不是放任自流或任意妄为。

在“儿童之家”，最初的日子是教师们最难度过的。为了能够积极遵守纪律，孩子们学会的第一个思想就是辨别好与坏，而教师的职责就是观察孩子们有没有混淆好与坏的概念。我们的目标就是建立一个积极的、工作的和有益的纪律，而不是一个不动的、被动的和顺从的纪律。

当建立了个性化纪律后，我们将安排孩子各就各位，让他们到自己喜爱的位置，保持秩序。我们要尽力让他们明白这样的道理，即这样的安排看起来很好，这样的井然有序是件好事，房间的布置非常好并令人愉快，他们为此应保持秩序，安静地呆在教室里。后来，他们就安安静静地呆在自己的位置上了。这是一种教育的结果，而不是强迫接受的结果。让他们明白道理，而不是强迫他们去做，这才是最重要的。事实上，这种行为也是在训练孩子的反省能力。

孩子们经过这样的训练后，他们就在一定程度上有了可以选择自我行为的倾向。这种倾向一开始被与不自觉的活动相混淆。但只要这样进行下去，孩子将能清晰地表现自己的个性。

也有一些孩子，他们静静地坐在座位上，显现出毫无兴致或昏昏欲睡的样子。有的孩子则会离开位置，去同别人争吵、打架或打翻各种各样的木块和玩具。后来则有另外一些孩子开始做明确的判断性行为，比如把一张椅子搬到一个特殊的地方，然后坐在上面，把一些不用的桌子搬过来，像玩游戏一样布置它们。

由于孩子生来具有的不能自立的特性，以及作为社会个体的性质，孩子总是被镣铐限制着自己的活动。我们必须采用以自由为基础的教育方法，来帮助孩子克服这些各式各样的束缚。

借助于那些有利于发展的自发活动，纪律间接地形成了。每一个孩子都必须要学会如何控制他自己，如何在静默活动中保持沉寂。非为他求，只为保持那生命得以维系的内在熊熊燃烧的火焰。这就是说，大人教育儿童，要相信孩子自发的纪律。

孩子的自由应限制在集体利益之内，这一集体可以是班级，也可以是家庭。从行为方式上看，孩子要达到的目标是有好的教养。因此，我们必须观察孩子是否有冲撞或激怒他人的行为，是否有粗鲁或不礼貌的行为。至于其他的行为，不管是怎样的行为，表现为怎样的行为方式，我们一方面要允许，另一方面必须进行观察。这是最重要的一点。不管是老师，还是家长，都要去训练自己的观察能力。并且应作为一个被动的观察者，而不是一个主动并施加影响力的观察者。这种被动性表现为：一种带着渴望的好奇心，绝对尊重观察到的一切。

这一原则肯定适用于学校里那些首次展示出自己心理的孩子。人类在幼年时期所表现出来的智慧就如初升的太阳。我们必须虔诚地尊重孩子个性的初次展现。无论任何教育行为，如果它要行之有效的话，它就只能是帮助生命充分发展。要达到这样的效果，我们就非常有必要避免那些抑制自发行为和任意强加的行为。那些已习惯了普通学校那种旧式教育方法的人，尤其有必要接受这样的训练。

但把这种观察训练付诸实践并不容易。这是一个积累的过程，如果我们在心理学的科学文化知识和实践经验越广泛，我们就能越快地适应这个工作。渐渐地，我们就可以辨清哪些行为应该制止，哪些行为应该进行观察。

让儿童心悦诚服

通过命令或暴力的方式使孩子们服从，是一种最错误的教育方式。“服从”要发自内心才能有效，父母们一定要依此规律而行事。

如果人性中没有“服从”，人类在进化中也没有形成这种品质，那么人类的生活将会呈现出一番怎样的景象呢？可想而知会是一片混乱。社会生活中处处昭示着人类的惯于服从！但是这种服从可能是人类毁灭的导火索。盲目的、奴隶式的服从，已经不止一次导致一个民族、一个国家崩溃了。人类并不是缺少服从，而且是太习惯于服从了。问题是，我们真正需要的是，有意志力控制的服从。

通过对儿童发展过程的观察，我发现服从意识的形成是人类的一个重要特征。这让我找到了研究方向。观察表明，服从意识与个性发展在儿童成长过程中基本保持同步。刚开始这种意识受本能冲动的影响，随后进入意识层面，最终进入意志控制的领域。

但是，许多家长错误地认为，如果想要达到让孩子自愿行动的目的，就要“命令”孩子们去做，并把这种被迫的自愿行动称为“自愿的顺从”、“听话”。但幼儿却特别不“服从”，甚至完全背道而行，他们特别“不听话”，常常“说反话”甚至“反驳”。等他们长到四五岁时，这种情况往往就会变本加厉，使大人彻底丧失信心，被迫放弃使他们服从的做法。但是，许多家长却不愿放弃偏见，仍坚持认为幼儿应具有“顺从美德”，并称为“幼儿美德”。

事实上，我们需要思考并引起注意的是，我们如此轻率地对待的这种“顺从”，随着年龄的增长，到了成年，似乎“顺从”已经成为一种自然倾向，成为本能。我们发现，社会就是建立在奇妙的“顺从”基础上的，文明就是在“顺从”筑成的道路上前进，人类组织往往滥用“顺从”。

“顺从”意味着牺牲。在这个世界上我们习惯于无条件地“顺从”，习惯于自我牺牲，习惯于自我克制。尽管士兵的天职就是服从，如果他们因服从而牺牲，一般人还会敬慕他们；如果谁企图逃避“服从”，则被认为是犯罪或发疯。此外，许多人都有过深刻的生活体验，大家都热衷于服从指引他们生活道路的事或人，而且甘愿作出牺牲。

除了提供发展意志力的练习外，在服从中还有另一个因素，就是要培养完成服从行动的能力。在“儿童之家”，老师们做了一项有趣的观察，观察孩子们的服从和知道服从的关系。她们发现，孩子的个性一旦形成，服从也就潜伏于孩子们的个性中了。例如，一个孩子开始试做某种练习，突然一次做成功了，他很高兴，凝视着，希望重新再做，但有时他会失败。然后，经过一个时期，当他自愿做时，几乎每次都能成功。而当别人叫他做时，却会出错。这是因为外部命令还没有使他从内心产生自愿行动。然而，当练习总是成功、有绝对把握时，别人的命令便会使孩子产生有条不紊的正确行动。这就是说，孩子每次都能完成命令了。

过去，服从就是指儿童必须按照教师和家长的意愿去做事。但是，我们对其深入研究后发现，服从并非如此简单，它的发展需要经历三个阶段。也就是说，培养孩子的服从意识，必须遵循孩子的成长规律：

第一个阶段：儿童的表现很任性，他们有时听话，有时不听话，没有什么理由。我们可以将此称之为“精神无序期”。

儿童在第一阶段的行为是受本能支配的，从胚胎发育到1岁之间尤为明显。从1~6岁，这种无意识的状态慢慢改善，逐渐发展到能有意识地控制自己的行为。在这个阶段，儿童所具备的能力决定了他的服从意识，因为服从一个指令需要有完成它的能力。比如，我们不能让人用鼻子走路，因为这个指令是不可能完成的。同样，不识字的人也无法完成写信的指令。所以，这个时期儿童的服从意识取决于他的能力。

儿童在3岁之前心理发展是不完全的，他们还不能有意识地选择。如果成人给他们的指令不合心意，他们是不会服从的。这一点很明显，成人们不会要求一个两岁的孩子完全服从指令。我们很清楚，要禁止3岁以下的儿童做某件事情，只能通过强制性的呵斥。

不过，服从并不代表总是要否定自己的意愿，也可以是主动满足他人的意愿。儿童在3岁以前服从需要一定的能力，3岁以上的儿童在具备相应能力时会服从命令。但是我们知道，儿童内心的成长要经历一些阶段性的过程，在这个人格成型的过程中，儿童服从某些要求，并不意味着他们已经具备了服从意识，而是表明他能够使用自己具有某种能力。不过，这种能力还需要很长一段时间的实践才能完全掌握。

就像儿童学着运动时一样，1岁左右开始学走路，起先是努力站起来，蹒跚着迈步，然后摔倒在地，他会一次次重复这个过程，直到不想再尝试。不过，在他们完全学会走路之后，也就可以任意使用这种能力了。

3岁以下儿童的服从意识取决于他所具备的能力，但是同一个命令他们并不是每次都会服从。这时候教师总认为这是儿童在故意反抗，因此对儿童加以训斥责骂，这样反而会影响儿童的正常发展。

提到儿童的反复无常让我想起了一件趣事。瑞士教育家帕斯塔罗维奇是教育界的权威人物，他曾经提出了“父爱教育理论”。帕斯塔罗维奇同情儿童所面临的困难，要求教师谅解儿童的错误行为，但是帕斯塔罗维奇不理解儿童的反复无常，他认为如果儿童第一次接受了他的指令，说明他们已经具备了执行这项指令的能力，那就应该一直如此。正是因为帕斯塔罗维奇不能接受儿童的反复多变，他的“父爱教育理论”也就成为空谈了。

想想看吧，斯帕塔罗维奇这样的大教育家尚且如此，那么教师怎么能理解呢。

在儿童的能力成型时期打击他们的积极性是最严重的错误。如果儿童不能按自己的意愿行动，连自己的意志都无法满足的话，如何还能服从他人的要求去满足他人的意愿呢？儿童的反复无常究其原因，是因为还没有熟练掌握自己的能力。成人也有类似的情况，比如一位乐手，有些表演场次弹奏得很好，有些场次演奏得非常差，他并不是有意识地想要这样，而是弹琴的技巧不够娴熟。所以，儿童服从意识发展的第一阶段也是一样，有时而服从，有时不服从，很不稳定。

第二个阶段：儿童控制自己行为的能力已经取得了长足的进步，他们似乎懂得了命令，并愿意相应地去执行。教师们认为这就是他们所希望的，服从的最高境界。但是，儿童的意识发展并没有就此结束，而是继续向着更高的水平发展。

通常，教师对儿童来说确实是一种标准，因为对于儿童来说，向心目中强大的、有智慧的、有能力影响自己的人看齐，这种感觉能让儿童觉得快乐，也能激发他们的学习热情。因此，他们会期待教师下达命令，而且越多越好。

有这样一个有趣的例子，一位已有10年教龄的女教师，她的班级总是管理得很好。一天，她对自己的学生说："把你们的东西收拾好，在下午放学之前。"不料，她刚说了前半句，所有孩子就开始收拾东西，直到她说出后半句，孩子们才停下来。可见这些孩子是多么乐于服从，而且反应迅速。这种情况下，教师应该这样下达指令："今天下午放学之前，你们要把东西收拾好。"

据这个教师说这种事情很常见，因为儿童们喜欢服从她，而且常常迅速做出反应，所以她说话前总考虑一下，怎样说才合适。别人通常以为，教师可以随便对孩子发号施令，可是，这个女教师却不这样认为，学生的尊敬给了她一种必须谨慎的压力。有一次，她路过自习室，听见学生们在吵闹，就想用粉笔，在黑板上写"肃静"这个单词，没想到只写了第一个字母，整个教室就已经悄无声息了。

作为一名教师，我也有过这样的经历。我认为，儿童们这种整齐划一的表现，体现的是这个整体对我的认同。在这里，服从这个行动具有更深的含义。

我称这种现象为"静穆游戏"。这种情况下所有人都必须保持安静，也就是说，所有人都意识到应该保持安静，并且同时做出反应，这就产生了一种群体意识感。并且随着多次进行，这种群体意识会得到加强，孩子们保持肃静的时间也就更长。于是，我在这个基础上又增加了"点名游戏"，就是在群体保持肃静的同时，我轻声地点某个学生的名字，这个学生就尽量安静地站起来，而其他人继续保持同一个姿势不变。可想而知，最后被点到的学生要坚持静穆多长时间，这些孩子的意志力已经发展到了很高的程度。我们之所以做这样的游戏，就是为了提高儿童对自己行为的控制，以此锻炼他们的意志力。通过这种练习，孩子们的群体意识和服从意识得到提高，因为在群体意识中包含了服从意识。

第三个阶段：4～6岁，孩子们会立即服从，十分热情。随着练习越来越熟练，他们会感到骄傲，他们知道该怎样服从了。在这个乐于服从的时期，不管是多么小的要求都会使他们抛开正感兴趣的事情，以服从的行动进入另一种精神状态。这就说明，儿童从具备服从能力开始逐步形成服从意识。

所有的纪律和精神发展的现象，都是从原来紊乱的意识状态中建立了秩序。心理活动由混乱而有序，并产生了情感和精神的奇迹。孩子的心理上不仅有他勤奋努力获得的成果，而且也有他精神生活的天赋力量。孩子从反复的练习中训练了自己的耐心，从服从别人的命令和要求训练了温顺，在为别人做好事中培养了善良，毫无妒忌或敌意。他们主动劳动，帮助他人，但在精神上并没有什么优越感，他们开始沿着正义的道路前进，纯粹是因为这是通向自我发展和学习的唯一道路。他们以纯朴的心享受着沿路收获的果实。

所以，很自然，我们爱孩子，应该向他们指出“服从是生命的规律”。但是要使之服从，必须通过一个复杂的个性心理形成过程。服从，不仅需要有服从的愿望。而且也要知道怎样服从。当做某事的命令发出后，我们假定孩子将产生相应的行动或抑制能力，很明显，服从必然产生在相应的理智和意志形成之后。所以，为了一点一点地准备这个形成过程，就应当在分阶段的、分层次的练习中形成孩子的秩序感、纪律观念和意志力，从而间接地培养孩子的理智的服从。

占有欲与破坏欲相伴而生

儿童的占有欲，实际上是成长过程中的一种正常心理，我们不能简单地把它归为“自私自利”，说成是思想品德有问题。

经过观察，我们不难发现：一旦儿童得到他们渴望得到的东西之后，就会丢掉或损坏这些东西。儿童的占有欲和破坏欲似乎是相伴而生的，但是既然没有东西能够永远引起人们的兴趣，儿童的这种行为也就不难理解了。以手表为例，手表是用来为我们指示时间的，这是它的价值所在。但对于甚至不知道时间意味着什么的儿童来说，在他拿到手表时就很可能把它摔坏。大一点的孩子可能知道手表是做什么的。拿到手表之后，他可能会努力想知道手表是如何做的。他会很小心地把手表打开，看一看齿轮和指针是如何工作的。但这也同时说明，他对手表本身已经不再有任何兴趣了。他的兴趣已经集中在了手表的工作原理上。儿童需要的不是物体本身而是对物体的深入了解。

一个正常的儿童可以自由地选择他所喜欢的事情，这就导致了他不是把注意力集中在事物的本身，而是将注意力集中在事物所包含的知识上。因此，他的占有欲经历了一个变化过程。

努力了解物体的工作方式是占有心理的第二种类型：这可以有许多种表现形式。比如，儿童摘花就是为了摘到之后把花扔掉或弄碎。

在这种情况下，占有欲与破坏欲是同时存在的。但如果儿童对花已经很了解，知道花的每一部分是什么样的，他就不会摘花，也不会去弄坏它。他只会对花进行仔细研究。他的兴趣已经具有了一定的知识性，他想占有的是知识。再如，儿童可能会为了得到蝴蝶而把蝴蝶弄死，但如果他的兴趣集中在昆虫或昆虫在自然界的角色上，他就会对蝴蝶进行仔细的观察，而不是抓住它或弄死它。这种对知识的占有欲集中表现为儿童被周围环境中的事物所深深吸引。我们可能会说，孩子们“深深地爱上了周围的环境”。这种对周围环境的热爱使儿童非常小心、仔细地做每一件事情。

如果这种占有的热情是为了获取知识，那么它就会达到更高的层次，引领儿童打开知识的大门。同样，好奇心也会激发科学研究，是科学研究的动力。一旦儿童对某件事物有好奇心，这种好奇心就会发展到其他事物上。

历史上所有有成就的人都有追求美好的本性。他们会通过各种方式理解生命，进而保护和发展生命，最后通过他们的智慧对生命提供帮助。我们不能通过说教来防止孩子弄坏东西。如果一个孩子要得到一件东西只是为了不让别人得到，我们有必要对他们进行说教。但我们说教的有效性不会持续很长时间，不久之后他们还会重来。只有工作和集中精神的研究和探索，才能为儿童带来知识和爱，才能把潜藏于儿童内心深处的美好东西挖掘出来。对于我们来说，重要的不是物理学、植物学，也不是人类的手工作品，重要的是人类的意志和精神在不断地进行完善。儿童是人类精神的创造者，儿童在自由发展过程中如果遇到了成人的阻挠，产生了障碍，就会严重束缚儿童心理的正常发展。

第六章

心灵和人格的建构

具有健康心灵和人格的人不仅有高尚的理想和追求，而且认识、情感、价值、道德、审美等要素整合良好，身心系统经常处于平衡、稳定状态，能充分发挥自己的潜能。发展心理学的诸多研究都表明，早期的智力开发、情感培养和意志训练，对健康心灵和人格的形成和发展会产生潜移默化的影响。因此，健康心灵和人格的培养应及早进行。

随心所欲地进行活动

为了使儿童更好地展现自己，大人需要为儿童准备一个适宜的环境。

成年人往往要借助概念、判断等思维形式来理性地认识客观事物，也就是按照一定的逻辑方式来进行活动。然而，这种逻辑思维能力并不是人一生下来就有的。也就是说，刚出生的婴儿不具备逻辑思维能力。儿童在能像大人一样具有逻辑思维能力之前，他所进行的活动是随心所欲的，是没有逻辑的。于是，在大人看来，儿童的一些行为方式是不可理解的。这样的情况通常发生在 1 岁半到 3 岁的儿童身上。

有这样一个例子：有一个一岁半的儿童，他发现了一叠餐巾，餐巾刚刚被烫平，整齐地堆在一起。小家伙极小心地拿起一块餐巾，用一只手压在上面，使整齐的餐巾不会散开，他穿过房间，走到斜对面，把餐巾放在那个角落里的地板上说："一块。"

然后，这个儿童又按来时的路线返回去。这表明某种特殊的敏感性的信号在指导他。他穿过房间，用同样的动作拿起第二块餐巾，捧着它小心地沿着同样的路线走过去，把它放在第一块餐巾上，又说："一块。"他重复地把所有的餐巾都拿到斜对面的角落。后来，他把这个过程反过来完成，又把所有的餐巾依次放回原来的地方。虽然这堆餐巾堆放得有点倾斜，不像最初所放置的那样完美，但仍然折叠得整整齐齐的。在这漫长的搬运过程中，幸运的是家中一个人也没有。

使儿童比较入迷的另一项“基本”工作就是拧下瓶盖子，再把它盖上。当这种盖子是一种可反射出五彩光芒的雕刻玻璃瓶上的盖子时，这种情况就更严重了。取下瓶盖子，盖上瓶盖子，似乎是儿童们的一项永远乐此不疲的工作。

儿童喜欢的另外一项工作就是：把墨水瓶或盒子的盖子拿起来又盖上去，或者打开和关上橱柜门。

诸如此类的儿童的基本活动，可以被看做是人作为最初阶段的活动。它们可以看作是随心所欲，且没有逻辑性和目的。鉴于此，大人们可以在这个准备时期为很年幼的儿童设计一些直观的教具，例如，一系列大大小小的圆柱体，正好可以塞入木板上大小不同的洞中。由于这些直观的教具能够满足儿童生活中这个时期的需要，因此，教具的使用获得了很好的效果。

毋庸置疑，这个让儿童自由的思想是很容易被理解的，但是，在大人看来，这种自由的思想却很难实现，其原因是大人心里存在着极深的障碍。因而一个大人，即使表面上同意儿童自由触摸和搬运东西的要求，他也将会发现自己无法忘掉内心禁止这个儿童的冲动。

有一位很熟悉这个思想的纽约年轻的妇女，渴望在她两岁半的儿子身上实施这个思想。有一天，她的儿子把装满水的一只水罐从卧室拿到客厅里去。她注意到孩子高度紧张，尽力慢慢地穿过这个房间，并不停地提醒自己：“当心！当心！”孩子的母亲看到这水罐很重，终于感到有帮助他的必要。于是她帮忙拎起这水罐拿到他想拿到的地方。但是，这个孩子感到受了伤害，他很伤心。这位母亲承认造成孩子痛苦的原因在于自己，但又觉得自己的行为是正确的，她说，她心里很矛盾，一方面，她认识到她孩子正在做的事情是对的，另一方面，她又觉得把孩子搞得很疲惫，浪费很多时间，也不适当，而她只要出一点力就可以完成这件事情。

这就是说，大人对儿童本能工作的重要性如果不够理解，往往就会在儿童第一次展现工作本能时感到奇怪。大人认识到自己必须做出巨大的牺牲，即尊重这些与自己的日常生活极不相容的行为，而且必须克制自己的习惯。

孩子的心态和成人的心态在成长过程中有着较大的差异，如果孩子和成人都不进行心态调整，那么他们基本上不可能和谐地生活在一起。

一个缺乏知识素养的家庭妇女可能会对影响她的孩子大吼大叫、连打带骂，但事后又会亲昵地抚摸和热情地亲吻孩子，以此来表明自己的愧疚和对孩子深深的爱。而有一定文化教养的母亲在这方面的表现则要好一些，她们会对儿童表现出爱、付出、责任感和自我控制。然而，这些有文化素养的女性比那些没有文化的妇女更急于摆脱孩子的纠缠。她们往往喜欢将孩子丢给保姆，让保姆包办孩子的衣食住行。而且，她们对保姆的态度非常和善甚至带有些恭敬。这其实是一种不明确地暗示，即使不告诉保姆应该怎样，保姆也应该明白，要让缠人的孩子远离主人的视线。

父母要意识到，儿童一旦能够独立行动，他们和成人之间的冲突也就开始了。当然，没有谁能够对儿童进行全方位的控制，完全征服儿童更是毫无可能。所以大人应与儿童尽量和平共处，这就需要成人站在儿童的角度上看待和思考问题。

然而，现实生活中，成人却会理所当然地说："孩子不能乱跑，应该多在房子里安静地休息和学习。到外面去呼吸新鲜空气。"或者由家长带着。那些懒惰的家长对付孩子的方法更简单，他们直接命令孩子上床休息。

在让孩子睡觉这一点上，父母们似乎达成了共识，没有人会举棋不定。我们经常听到，一些家长高兴地说他们的孩子天一黑就睡觉。这不为别的，因为孩子睡觉了，这样他们就可以自由地支配自己的时间了。

为适应成长中的儿童的需要，成人必须放弃其行为方式的优势，学会等候孩子，尝试去适应孩子。适应幼崽的需要是较高等动物的一种本能。如成年象群往往能主动放慢步伐适应小象的脚步，当小象因疲劳停止行走时，成年象群也会停止行走，等待小象恢复体力后再次行走。

在世界各种不同地域的文化中，我们都可以发现类似于动物的这种对儿童的本能的照顾行为。不管是东方人还是西方人，父亲带着年幼的孩子在散步的时候，都会任由孩子率性而为。只要孩子愿意，就可以围着他的腿转，可以与他做游戏。孩子的任何行为，在排除了危险性的情况下，做父母的都应该主动适应。

有一天，我在公园里看到了这样的一幕，一位父亲正带着不足两岁的儿子散步，孩子用自己的手臂抱着父亲的腿，而父亲则一动不动地让孩子围着腿转。当孩子累了的时候，他们就坐在路边休息，然后继续散步。孩子的父亲没有丝毫不耐烦，他仅仅是作为一位父亲带着他的小儿子在散步。靠两条腿前进必须学会维持平衡。而这种散步的方式对于正处在学习协调动作的儿童是最自然的过渡、最理想的方法。

儿童和成人的冲突产生了许多不同的问题，其中有一些问题显而易见与他们的相互关系有关。成人有一个复杂的和强烈的使命要完成，而且他发现他自己必须这样去做。但要成人终止他自己的工作而去适应儿童的节奏和精神视野，这对他来讲已变得更为困难。另一些问题是，日益复杂和紧张的成人环境越来越与儿童不相协调。我们可以设想一种简朴和平静的自然生活，儿童在那里可以找到一个自然的庇护所。儿童看到成人以缓慢的节奏从事简单的工作，他的周围就是家畜和他可以随意触摸的其他东西。他可以做自己的工作，而不必害怕遭到反对。当他感到疲倦时，他就躺在树荫下睡着了。

但是，文明慢慢地把自然环境从儿童那里收了回去。所有一切都控制太严，范围太窄，障碍太多，节奏太快。不仅节奏加快的成人生活是儿童的障碍，而且机器的出现像旋风一样刮走了儿童的庇护所。于是，儿童不能主动地生活。对儿童的照料主要是防止他在外部世界中遭到危险，这种危险正在他周围增加。现在，儿童就像一个避难者，孤立无助并受到奴役。没有一个人想为他的生活创设一个舒适适宜的环境，也没有一个人考虑他的工作和活动的需要。

其实，我们应该为儿童成长所需要的环境做出以下要求：

1. 自由的环境——儿童只有在自由的气氛中才能将自己的需要完全地展现出来，成人的责任是辨认儿童自由展现出的状态，发现需求，给予帮助。儿童在组织的情况下无法显示自己的自然状态，成人也就无法发现儿童需要什么，所以也就无法帮助儿童。儿童在没有帮助的情况下，无法完成自己的内在建构工作。

2. 一个有结构和秩序的环境——儿童需要丰富的物质环境，而这些物质环境是有类别和数量的，我们必须将这些物品按照类别呈现在儿童的面前，才能为儿童提供选择的条件。如果我们将这些物品一股脑儿堆在一起，或者装在一个容器里，孩子就无法按照自己当下的意志来选择自己需要的材料，也无法形成物体类别的概念。所以在儿童的环境里，所有的物品都要有秩序地分类摆放，按照人类精神所需要的内容进行组合和结构。

3. 真实与自然——儿童要通过对世界中真实物体的探索获得自己的经验和认识，这就需要我们提供完全自然和真实的物体供孩子探索。如果提供的物品是假的，孩子获得的概念也是不自然的，就无法用到将来的个人实践中去。

4. 美与氛围——儿童需要美的熏陶，在美的环境下生活的儿童会发现什么是美的，什么是不美的，当他生活环境中的审美不符合他要求的时候，他就会创造美。人类只有具备了审美需求，才能保护美好的环境，使人类的生活向着美好的方向发展。而美和文化不只是艺术品和文化产品，更是一种能够被儿童吸收的美和文化的氛围，这一切都是成人能够为儿童提供的。

儿童性格形成的关键时期

一个人的性格是在0~3岁这个最富创造性的年龄阶段里塑造而成的。如果孩子的良好性格在这一阶段没有得到形成，也许就很难形成了，因为它错过了最适宜“发芽”的时期。

在生活中，我们可以看到不同性格类型的人，比如，有的人含蓄内敛，不喜欢多说话；而有的人则热情活泼，喜欢与人打交道。人与人的性格之所以不一样，多是因为他们成长的环境和生活方式不尽相同。事实上，0～3 岁是孩子性格形成的关键时期。

孩子性格的发展是自发的，我们没有办法对其施加直接的影响，虽然我们可以利用父母的权利和威严来迫使孩子服从我们，但是却不能强迫他们按照我们的意愿成长和发展。我们所能做的只是科学地教育，为他们提供一个适宜发展的生活环境，协助他们顺利完成成长发育的过程。

奥地利生物学家洛伦兹曾在实验中发现了这样的一个现象：刚出生的小鸭子，在最初的几个小时里如果见不到自己的妈妈，就会认定第一眼看到的动物为妈妈，然后寸步不离地跟着它，一旦过了这个时间段，小鸭子的认母行为便会自行消失。这一阶段被称之为敏感期，也叫做关键期。其实，作为高等生物的人类同样具有关键期，在这个关键期中，孩子会在特定的时间内对于特定信息异常敏感，比如运动、语言、行为等，这一时期一旦过去，这种对特定事物的敏感性就会随之消失，他也就错失了学习的最佳时期。

俗话说："三岁看大，七岁看老。"确实如此，0～3 岁这个时期对性格的形成有着重要意义。如果儿童在这一时期受到影响、伤害或者是其他不良的影响，性格就会发生偏离，就会出现缺陷，由性格异常带来的缺陷会在儿童的心理和智力上留下痕迹，从而改变孩子的一生。如果在这一时期，孩子的身心因自由空间得以健康成长，他的性格就会发展得比较完善和健全。

对儿童心理进行研究的心理学家认为，孩子的性格之所以存在缺陷，是因为在性格发展最关键时期（0～3 岁），孩子内心的需求没有得到满足，长期生活在一个不利于智力成长的环境里，他们的内心处于一种长久的饥渴状态。对于孩子性格上的种种缺陷，无论父母怎么说教、威胁，还是利诱，都将无济于事。就好比对待一个饿了好几天的流浪汉，我们想让他心情好起来，只需要给他一些食物就可以，我们骂他是个笨蛋，或者打他一顿，或者对他说教一番，这些做法都于事无补。

事实上，当孩子对某件事情感兴趣，被某种“工作”吸引的时候，他们性格上的缺点就会像云雾遇见阳光般奇迹性地消散。孩子一切所谓的坏习惯都没有了，在我们眼前的只是孩子热情专注地“工作”着。

性格正常的孩子与性格不正常的孩子只有一纸之隔，那就是集中注意力。一旦孩子集中注意力，你将发现：往日孩子身上那些不正常的现象都消失了，这些孩子大都展现出自己好的一面来。这可是很多父母只有在梦中才可以看见的场景啊！然而，这些改变并无须父母做多少努力，因为几乎全部都是孩子自己来完成的。我们要知道，孩子有一种完善自我的愿望的本性，在适合的环境中，凭借自己的不断努力，最终战胜自我，克服性格上的缺陷！

治疗孩子性格缺陷的最好办法，就是把孩子放入能够引起他们兴趣的环境里，并且给他们提供他们感兴趣的“工作”，这个时候，孩子就会全身心地投入到“工作”之中，进入一种忘我的状态，在“工作”中获取营养和快乐。但是父母要记住：让孩子做他们愿意做的事，不要强迫孩子做自己不愿意做的事，不要强迫孩子必须听自己的话。人不仅需要物质上的营养，更离不开精神上的养料。如果儿童能够决定自己应该做的事，以此来完善自己的性格，那么一切都会正常。即使曾经出现过什么问题，现在也会消失。他们将不再做噩梦，不再厌食，他们的一切都将恢复正常，因为心理缺陷得到了矫正。

有的老师总是这样说：“上课的时候我在用心地讲课，用浅显易懂、幽默的话语吸引他们，可是不管我怎么讲，他们就是不好好听讲。”其实不是孩子不想学习，而是注意力不集中，使得自己无法学习。那就要求他们先集中注意力吧，可是这时候已经晚了。打个比方，我们现在要求这些孩子，就好像是在对没有手的人说：“好好写字！”这种能力是在婴儿期形成的，此时我们无法再要求他们具备这种能力了。

既然这样，父母该怎么办呢？有的人就会这样回答你：“对孩子要耐心，在日常生活中处处给他们树立一个好的榜样，时间久了就该好了。”然而，直到我们变成了一个老人的时候，他们仍然没有改变注意力不集中的品性。这是为什么呢？我们把希望寄托在耐心上面，以为时间一长就会有所收获。可事实上，仅仅付出时间和耐心是不会取得什么效果的。作为父母，只有好好利用0~3岁这一具有创造性的关键期，孩子的性格才会自主形成，孩子才会更好地适应社会。

我们早期的学校有名的原因之一就是让孩子的这些消极症状都消失了，更为关键的是，我们的孩子可以在我们为他们预备的环境中随心所欲地完成他们的工作，这些“工作”能够满足他们孤寂已久的心灵。一旦兴趣被引发出来，孩子就会反复练习，这种专注性也可以从一个工作转移到另一个工作。而当孩子可以凭借自己的兴趣达到专心致志的程度时，消极的症状就自然而然地消失了，本来调皮捣乱的孩子就可能变成了合作者。这恰恰证明了消极的性格并不是孩子的本性，而是由环境造成的。因此我们建议家长要让孩子做自己感兴趣的事情，而且一旦孩子开始“工作”就不要轻易打断他们。对那些惹是生非的孩子给糖果、威胁吓唬、用药物都无济于事，家长绝对不能感情用事，更不能用“白痴”这样的话来侮辱孩子。这些对孩子是没有帮助，孩子需要的是心灵的慰藉。

另外，如果我们能正确对待孩子们创造性的活动，那他们的许多心理问题就不会发生了。父母在婴儿期的一些错误做法造成了孩子性格上的缺陷。我们不能忽视孩子在婴儿期的成长，我们要让孩子在婴儿期就得到足够的机会充实大脑。孩子性格出现缺陷的另一个原因就是，孩子们缺少创造性的活动。不能创造性地进行活动，孩子一样不能得到充分的发展。他们要么独自待在家里，自己一个人玩耍，除了睡觉什么也不做；要么就是大人们什么也不让孩子干，替孩子做完所有的事情。所有的事情都由父母包办的最大弊端就是孩子对什么都不感兴趣，时间长了，他们都不知道自己能干什么了，从而丧失了自信。

一个人心理成长的每一个阶段之间都有着微妙的联系，0～3 岁正是塑造孩子性格，培养其对周围事物适应能力的关键时期。如果一个孩子在 3 岁之前性格上形成了缺陷而没有及时治疗，等孩子到 6 岁的时候，他身上就会出现一些不正常的特征，而且这种缺陷已经根深蒂固，在以后的日子里很难再改正了。6 岁以后，这些缺陷就会影响到第二个阶段的发展，甚至影响孩子的判断力。在这样的孩子身上，就不会表现出这个年龄本该有的道德水平，而且智力水平也可能会低于正常人，无法形成自己的性格，无法学习。在最后一个阶段，这些缺陷还会带来更多的问题，最终使得这个孩子变成一个对社会没有用处的人。不仅如此，孩子适应社会的性格只能通过自我实践才能得来，成人对儿童性格的发展只能通过说理和劝告，只有这样，才能对他们的思想加以影响，而父母的命令在很多时候不仅无法改变孩子性格，反而会让其性格朝反面发展。

如果不能顺应孩子的天性、本能，无论多么聪明能干的父母都无法教出孩子的性格，因为孩子的性格不是可以随便打造的。父母们所能做的就是在遵循孩子的自然天性的前提下，进行科学的教育、巧妙的引导，让孩子在成长过程中不受到干扰和阻碍。如果能做到这些，孩子自己就能够培养自己的性格，并将自身的性格完善和健全。从这个意义上说，孩子的性格在很大程度都是靠自己形成的。

我们人类是一个整体，如果我们平等看待儿童和自己的话，就会发现，虽然世界上的人各不相同，但是在内心深处有一点是相通的，那就是人人都有一种自我发展的倾向，一种不断向前发展的倾向。这种倾向虽然没有被人们意识到，但是它却在潜意识里影响一个人的生活。无论如何，人类总是朝着好的方向发展。

儿童应该生活在一个有趣的环境中。母亲不要为孩子提供不必要的帮助。当孩子开始做某件事情的时候，不要打断他们。

和蔼可亲、严厉指责和药物对于正处于心灵饥饿的孩子来说都是没有任何帮助的。这就像当一个人正在挨饿受冻，我们却去骂这个人是傻瓜、痛打他一顿，或命令他心情好起来一样，这些做法都是无济于事的。这个人需要的是食物，其他东西都没有意义。

对于心理来说也是一样的道理。严厉与和蔼都不能使问题得到解决。人类是拥有智慧的动物，他们需要物质上的营养，但更需要精神上的营养。这是人与动物的区别所在。

人类必须构建属于自己的行为模式。如果儿童能够自己决定自己的事情，自己完善自己的心理，那么将不会有任何问题出现。儿童所面临的问题都会消失，他们也不会再做噩梦，他们的消化也会恢复正常。因为他们的心理恢复正常了。

因此，我们现在教育的目的就是要为孩子的发展扫除障碍，给他们提供一个适宜发展的生活学习环境，在合适的时间促进人类的自我完善，使人类本能的力量充分发挥出来。

帮助儿童克服恐惧与自卑

孩子内心恐惧和自卑感的幼芽往往都是成人亲手栽种的。

细心的父母可能会发现，自己的孩子非常害怕过马路，或者担心自己的床下藏着小狗，又或者看到毛绒绒的东西就吓得大喊大叫。这些都是恐慌的外在表现。通过研究我发现，这些症状在对父母过分依赖的孩子身上最容易看到。比如，父母为了让孩子听话，常常利用孩子的无知，用胡乱编造的妖魔鬼怪恐吓他们，以达到这个目的。可以说，这是父母用来管教孩子的最坏的一种方法，因为它利用无处不在的恐怖形象，使孩子内心深处对未知的恐惧又加剧了。

父母一定要摒弃上述恐吓孩子的方法，让孩子多接触现实，体验和理解周围环境的事物，这是帮助他们摆脱恐惧最好的方法。经过多次不断的重复接触，孩子就会发现，原来现实中的未知的东西并不像想象中那样可怕。这样一来，孩子心中的恐惧感也就慢慢消失了。举一个例子来说明：有一个西班牙人，他家里有四个女儿，其中小女儿是这些孩子中胆子最大的。每当夜晚打雷下雨的时候，她是家里女孩中唯一不害怕的人。被神秘恐惧所折磨的姐姐们会快速地聚集到妹妹的身边，以便获得安全感。然后妹妹就把姐姐们带到父母的房间，她认为在那里她们能得到最好的保护。

“恐惧的心态”与面临危险时所产生的恐怖不同。与成人比起来，孩子身上出现的由于危险而产生的恐怖要少一些，这并不是因为孩子比成人面临的危险少，而是不少时候孩子可以很自然地面对危险。实际上，孩子经常会使自己面临危险。街上的流浪儿会偷窃公共汽车里乘客的钱；农村里的孩子会爬到树上，从树上跳下来或从陡坡上冲下来；好动的孩子会跳进海里或河里自学游泳。他们的勇敢行为还表现在无数次拯救他们的同伴中。例如：一天，加利福尼亚的一家儿童医院的盲童病房不知道什么原因着火了。这个病房里的孩子并非全部是盲童，有一些孩子还能看见东西。虽然这些孩子当时在楼道的另一边上，但是他们还是冲进了病房去救其他的孩子。

在学校里，有很多孩子没有表现出任何英雄主义行为，虽然他们确实有机会表现某些崇高的愿望。还有一种被我们称为“谨慎”的孩子，他们尽可能地做到避免危险。比如，他们能够使用厨房里的小刀，用火柴点燃烟火，独自一人站在水池边，还会自己穿越马路。我们的孩子已经学会了如何通过避免急躁来控制自己的行为，这样他们就可以过一种更平静、更健康的生活。因此，我们要帮助孩子保持一种谨慎的心理，这种谨慎使他能认识和控制危险，从而能从容地面对和解决一些问题。

总之，作为父母，我们不仅要帮助孩子消除其内心的恐惧，还要帮助他们克服自卑，因为，自卑是孩子成长道路上的另一个大障碍。

通过多年的教学实践，我发现在孩子的成长过程中，虽然有些父母对孩子取得的进步很高兴，但是高兴之余，却总是受着不健康的心理影响，使父母不信任自己的孩子，不相信孩子能把事情做好。举个例子：当一位母亲看见孩子端着一杯水在走路，她就会担心水溅出来烫着孩子或是杯子被孩子摔破，于是她就会走到孩子的面前，把孩子手里的杯子夺过来，对孩子说，你还不能干这个。这个时候，孩子心中肯定有一种自卑感，他会认为自己什么也干不了，是个无能的人。

相反，如果母亲在一旁鼓励他成功把杯子拿到目的地，并且成功以后，对孩子进行表扬，那么孩子肯定就会觉得自己什么都能干，做起事情来有充分的信心和勇气。

有一次，在“儿童之家”，意大利皇后前来视察，当时一个孩子正在用字母玩具拼字。但皇后来到这个孩子面前，“你能拼写出‘意大利万岁’这几个字吗?”这个孩子好像没有听到皇后的话，仍然平静地忙活自己手中的拼写字母的玩具。当时，在场的老师们包括我在内都希望孩子能尊重皇后的要求，希望他暂时停下手头的游戏，去执行她的指令。然而，孩子并没因为她是皇后就响应她的要求。过了一段时间以后，孩子完成了手中的事情，把用完的字母玩具放回原处，然后从容地拿出字母拼写出了“意大利万岁!”这几个字。这个孩子只有4岁，但他却已经能够控制自己的情感和行为，对于周围发生的事，充满自信地去完成。

实际上，孩子并不像成人想象中的那么无能，他们可以支配自己的情感和行为。然而现实中，很多孩子的潜能都没得到充分的发挥，不能自由地支配自己的情感和行为，一直处于大人的压制之下，这就容易使孩子产生自卑感。作为成人，我们不仅一直在低估孩子，而且还随时准备给予他们打击和压制，孩子的自卑感往往就是这样形成的。

所以说，成人必须要改变想法，承认孩子的能力，允许他们按照自己的方式做事。与此同时，成人还要学会换位思考，不能仅仅从自己的角度考虑问题，还要从孩子的角度看，比如看到孩子在玩游戏，成人就会打断他，认为这段时间孩子可以多读一些名著；当到了散步的时间，成人就不由分说地拉起正在看动画片的孩子去散步。正如我们所知道的，一个人行为的连续性依赖于心中早已设计好的计划。成人刻意打断孩子的这种连续行为，会让孩子感到很沮丧，孩子会觉得自己什么事情也做不了。孩子不是大人的影子，有自己做事的方式。

如果成人没有考虑到孩子的需要，按照自己的方式去要求他们，不尊重孩子，会让孩子觉得自己所做的一切都是那么没有意义。

一个人自卑的最大根源是他相信自己没有能力做好某些事情，就像一个残疾的人不会愿意和一个健康的人赛跑；一个普通人也不会愿意跟职业拳击手对决，因为在心灵深处，他们觉得自己不行，他们没有那种获胜的勇气和信心。同样的道理，平日里成人对孩子的轻视，使孩子感到自己很无能，不敢采取任何行动。“那件事你做不了，尝试一下对你也没有什么意义。”或者“你这个笨蛋，你不知道自己不能做那件事吗?”这样的话语不仅打断了孩子行为的连贯性，阻碍了孩子的发展，而且对孩子来说，这还是一种侮辱。

自卑感除了使孩子产生自己是无用的或者永远都比别人差这种想法以外，还会导致诸如胆怯、迟疑不定、面临困难退缩、经常流泪、绝望等痛苦。作为父母一定不能掉以轻心。

依赖性阻碍儿童的成长和进步

在孩子有独自成长要求的时候，父母就不要事无巨细地对他给予关照，只有这样做，等到需要独自前行的时候，孩子才能更加勇敢坚强。

一些从小就习惯于任何事都依赖父母的孩子，通常自理能力相对较差，独立性不强，遇事也不会自己想办法，总想让父母伸出援手，直到长大成人依然如此。随着孩子的不断长大，父母开始无法满足孩子的所有需求，于是相互间的不满和怨言与日俱增，最终出现不可调和的矛盾和纠纷。有位社会心理学家在进行了一项有趣的调查后发现，但凡亲子之间的纠纷，大多源于子女过于依赖父母，使父母感到力不从心，子女则会因为某些要求无法得到满足，而埋怨父母无能。

有些孩子在到了入园年龄的时候，往往会突然显出孤独无助的样子，拒绝离开父母，拒绝进入幼儿园，表现出依赖和惶恐，这种情况并不少见，当孩子第一次被送往幼儿园的时候，他常常会哭得声嘶力竭，似乎离开了父母，就失去了全世界。

有些儿童在性格上易于退缩、意志薄弱，他们难以摆脱成人的影响。这些儿童会依附于一位愿意为他们做好一切的成人，对这个人产生过度的依赖。他们缺乏活力、爱哭，而自己却意识不到这一点。他们以抱怨的态度面对所有的事物，还表现出正在遭受痛苦的样子。

人们都会觉得这些儿童内心敏感而又感情丰富。但儿童意识不到自己总是显得不耐烦。他们自己不能摆脱这种充满压抑感的烦躁，只好求助于他人。他们依恋他人，就像只能靠依附于他人才能生活似的。他们想要成人帮助他们，特别是陪伴他们玩耍，给他们讲故事、唱歌，不想让成人离开他们。成人就像这些儿童的奴隶。这种状态看起来是儿童和成人之间彼此理解，拥有深厚的感情，其实是他们一同陷入了一张网中。

这些儿童好像特别渴望获得知识，他们总是不停地问“为什么”。然而仔细观察，我们就会发现，他们并不认真听成人的回答，而只是简单地重复他们的问题。他们表面看来是在十分热切地求知，其实是想把这个能够帮助他们的人留在身边。

这些儿童会为了服从成人无关紧要的命令，轻易放弃自己的活动。成人也很容易把自己的意志强加给性格温顺的儿童。这里存在着一种巨大的危险，它将造成儿童对事情态度冷漠，而这又会被视为迟钝或懒惰。如果儿童懒惰，他们就不会妨碍成人了，这会让成人感到高兴。但是这样下去，儿童会越来越严重地偏离正轨。

我们知道，几乎所有孩子都会有依赖和独立的两面性，无论是刚出生不久的婴儿，还是蹒跚学步的幼儿，都会在某个时刻突然拒绝父母的帮助，想要尝试着自己去做某事，比如亲自去拿玩具，或者走路的时候不要大人搀扶。然而还有些时候，他会要求父母帮他去做原本自己能够完成的事情，其目的往往只是为了撒娇。

作为父母，在了解到孩子这种两面性的同时，不仅要满足孩子的正常需求，给予他应有的照顾与呵护，还应在必要的时候适当留给他自由的空间，让他完成自己想要尝试和体验的事情。只有这样，才能完善地处理好孩子独立和依赖之间的关系，进而获得更好的成长经验。

我们习惯于伺候孩子，事事包办，这不仅是对他们的一种奴化行为，而且也是一种危险的行为，因为这将会扼制他们有益的自发活动。我们倾向于把孩子当做木偶。我们还把他们当玩具娃娃一样给他们洗澡，喂他们吃饭。我们并没有想过这一点——孩子如果不去动手做的话，那么他就不知道应该如何去做。然而，他必须动手做这些事情，而且自然也赋予了他进行各项活动的体力和学习如何自己动手做事的智力。我们所负的责任就在于，任何时候都要帮助他完成自然所赋予他的、应该由他自己来完成的有益活动。母亲在喂孩子时，如果从不花工夫教孩子如何自己拿勺，怎样把食物放进嘴里，或母亲吃东西时，如果她甚至没有示范给孩子她是如何吃的，那么这样的母亲就不是一位好母亲。她侵犯了孩子作为人的基本尊严——她把孩子当玩偶看待，而不是大自然委托她照看的一个人。

谁不知道教孩子自己吃饭、自己洗澡、自己穿衣这些事情要比大人自己动手给孩子喂饭、洗澡和穿衣更麻烦、更困难，需要更多的耐心呢？但前者就是教育者的工作，后者只是一个仆人简单而低级的工作。后者的做法虽然对母亲来说比较容易，但对孩子来说却很危险，因为它封闭了孩子生命发展的道路，在这条道路上增设了障碍。父母持这种态度可能会带来非常严重的后果。那种有许多仆人侍奉的贵族不仅会越来越依赖他的仆人，直到最后实际上变为仆人的奴隶，而且他身上的肌肉由于不活动也会变得没有力气，并最终丧失自然的行动能力。如果一个人自己什么也不做，只会命令别人干活，那么他的头脑就会变得愈加蠢笨和迟钝。如果这样一个人某天突然发觉到自己所处的劣势，而且他也想重新获得独立，那么他可能会悲哀地发现自己已经再也没有力气做到这一点了。如果特权阶级希望自己的子女能够独立而正当地运用他们特有的自然能力，那么这些父母就应该明白上述的危险，不必要的帮助是儿童自然能力发展的实际障碍。

奴役和依赖的危害不仅在于"白白浪费生命"，使人软弱无能，还在于它会使一个本应正常发展的人的个性特征出现令人痛惜的退化和堕落。我指的是那种专横跋扈、盛气凌人的行为，这样的例子在我们的生活中已经司空见惯了。专横跋扈与软弱无能相辅相成。专横跋扈是一个想通过让他人为自己工作，进而征服他人的人所流露出的情绪。所以我们常常会看到，主人对待仆人就像暴君，这是一种奴隶主对待奴隶的心态。

什么是断奶的孩子？实际上就是指不再依赖母乳喂养的孩子，他不再以母乳这一种营养为食，而是以各种食物为食；对于他来说，生存的手段多样化了。相对于起初完全被限制于依赖一种营养的情况，现在他可以在一定程度上选择自己的食物。

然而，儿童还是有依赖性的，因为他还不会行走，不会自己洗澡和穿衣，也不会用清楚明白的语言向他人表达他的需求。在这一阶段，他还是要在很大程度上依赖别人的。而到了3岁，儿童就应该能够使自己在很大程度上获得独立和自由。

我们必须帮助他们学会独立走路、跑步、上下楼梯、捡拾掉落的东西，自己穿衣脱衣、自己洗澡、清楚地说话、明确地表达自己的需要。我们应该帮助他们，使他们个人目标和愿望的实现成为可能。这都是对孩子进行独立性教育的一部分。

我们还没有彻底地理解独立的真正内涵，这是由于我们生活的社会形态还具有很大的奴役性。在文明社会，只要仆人还存在，独立的生活方式这个概念就不会扎根或自由发展。在奴隶社会，自由概念更是被扭曲和模糊化了。

跟通常意义上人们的想法并不一致，仆人并不依赖主人，相反总是主人依赖仆人。在一些认同奴役观念、认为被别人侍奉是高人一等、认为奴性就是本能的国家里，人们的确都太容易卑躬屈膝，还美其名曰：谦恭、礼貌、仁爱。

那些由于自己的无能而要求仆人帮助自己的贵族，他们没有独立。瘫痪的病人自己不能脱靴子是因为生病，王子自己不想脱靴子是由于社会因素，实质上他们都应该被归为依赖别人的人。

那些被侍奉的人限制了自己的独立性。独立这一概念今后将成为个人尊严的基石。“我不想被人侍奉，因为我并非无能。”人们只有明白这个道理之后才能获得真正的自由。任何教育行为，如果想在训练孩子中取得成效，就必须帮助他们走向独立。

诚然，东方女性穿裤子，而欧洲女性穿裙子，但是和欧洲女性相比，东方女性所受到的教育更要求她们要遵从静止不动的艺术。这种看待女性的观念导致了男人不仅要养活自己，还要供养女人。这样女性就荒废了她的自然能力和积极性，并在奴役中慢慢憔悴。她不仅被别人养活和服侍，而且她作为人而具有的个性也被别人贬低和轻视。作为社会的一员，她只是无足轻重的人。她被视为各种能力都匮乏的人，仅被当成延续生命的工具。我可以这样来描绘一下：一辆载着父亲、母亲和孩子的马车正在乡间小路上行驶，这时一帮手持凶器的强盗拦住了马车，吼着我们熟知的那句话："要钱还是要命？"面对这种情况，马车上的三个人表现得各不相同。男人是训练有素的神枪手，他迅速拔枪反抗。孩子只有一双自由灵活的双腿，他哭喊着飞奔跑了。而女人呢，什么都没有，既没有防身之物，也不会跑（因为她从未锻炼过的腿被裙子裹着跑不动），她吓得不知所措，昏倒过去了。

三个人的不同反应与三个人各自的自由状态和独立状况密切相关。女人晕倒在地，那些强盗注意到她包袱里的东西掉落下来，所以他们都急着去捡，女人这才得以逃脱。

我们再来想象一下，有一个聪明且技术熟练的工人，由于他有能力控制和指导他所在工作环境的总体活动，所以他不仅生产效率高，能够出色完成工作任务，而且还能对车间提出建议。因此他是环境的主人，面对他人的恼怒时他能够保持微笑。他所表现出来的这种超强的自控能力是由于他意识到了自己的能力。然而当这个能干的工人回到家里时，如果他发现汤不合口味，或是没有按时开饭，他就大声责骂妻子，这毫不奇怪。在家里，他不再是能干的工人，能干的则是伺候他、为他做饭的妻子。在能够表现他能力、证明他是强者的地方，他是个平和而快乐的人；但在被人伺候时，他却变成了一个飞扬跋扈的人。或许，如果他学会了做汤，他就可能变成一个完美的人。一个人通过自己的努力，完成了满足自己生命享受和发展所需要的一切事情，那么他就是征服了自我的人。而在努力做的过程中，他个人的多方面能力得到发展，逐渐成为一个完美的人。

我们应培养未来的一代成为有能力的人，这样他们才能成为我们所说的那种独立自由的人。

孩子说谎多是由于大人虚伪

那些费尽心机想让孩子诚实的大人，却常常置孩子于谎言的世界里。

哲学家罗素曾经说过："孩子不诚实几乎都是恐惧的结果。"许多心理学家也认为，孩子说谎有种种原因，其中一个原因就是出于无奈。然而还有一点可能是很多父母都没有预料到的——孩子撒谎多是由于大人的虚伪。

我认识这样一个母亲，她为了教导小女儿要诚实，向她描述了许多说谎的卑劣行径。同时，她还在小女儿面前对那些即使经受磨难、做出牺牲，也坚守诚实的勇气和坚定意志的行为大加赞美。她用尽心思想让女儿懂得，一个再小的谎言最后也会让人犯下一连串的错误，就像一句谚语："说谎会使人失去理智。"她还特别对小女儿强调，一个出生在幸福的家庭受到良好教育的人更应该做到这一点，为那些因为家境贫寒、没有办法得到良好教育的人树立典范。

可是这位妈妈自己是怎样做的呢？一天，她的一位朋友打电话邀请她去听音乐会。这位妈妈不想去就借口推辞说："啊，对不起，我头疼得很厉害，实在没有办法去。”她的电话还没讲完，就听到隔壁房间传出来女儿的尖叫。她立即跑过去，却看见小女孩用双手捂着脸，跌坐在地上。“亲爱的，出什么事了?”小女孩啼哭着回答：“妈妈在说谎!”

就这样，这位妈妈亲手毁掉了女儿对她的信任，从此母女之间产生了隔阂。很多时候，孩子并不像我们想的那么简单，大人自以为是的态度以及那些错误不当的行为，孩子其实都看在眼里。大人是虚伪的，这种虚伪让孩子感到了绝望。这些隐藏的冲突和矛盾，总有一天会引发孩子和父母之间的冲突。

在这种和大人的对立冲突中，孩子的心灵首先会受到伤害，然而许多父母仍然把对孩子的压迫误认为是爱的表现，因此忽略了孩子的真正需要。如今许多医生开始了解，孩子情绪失调的首要原因，其实是源于幼儿时期受到的压抑。孩子在幼儿期的一些征兆，例如失眠、做噩梦、消化不良和口吃等，通常都是情绪失调的结果，而这些伤害将伴随孩子进入成年期。

谈到欺骗，我想起一个关于圣诞节和圣诞老人的故事：一位妈妈对孩子说世界上真的有圣诞老人存在，然后又为欺骗了孩子而感到愧疚，于是决定告诉孩子真相。孩子知道了圣诞老人只是个谎言之后非常失望，整整伤心了一个礼拜。他的妈妈在跟我说这件事的时候难过得流下了眼泪。

但是，同一件事也不一定都是一样的结局。比如，有一位妈妈也向她的小儿子做过类似的事，不同的是这个小男孩听了妈妈的坦白后马上笑了起来，他说：“哦！妈妈，我早就知道世界上没有圣诞老人!”“可是你怎么不告诉妈妈呢?”“因为妈妈每次听了这个故事都很高兴呀!”在这个情况下，父母和孩子的角色好像调了过来。孩子早已敏锐地观察到了事实的真相，只是为了让爸爸妈妈高兴而顺从并取悦他们。

很多父母认为，孩子如果爱他们，就应该毫无异议地听他们的话。在这方面，孩子也常常反过来成为父母的教师，因为孩子们非常单纯，他们的思想中有着令人意想不到的正义感。

有一天晚上，一位妈妈出于关心让孩子早点睡觉：小男孩请求妈妈允许他把手头的事情做完以后再睡，可是妈妈却不肯让步。小男孩非常无奈，只好乖乖地上床了，可是过了一会儿，他又悄悄地爬起来，想把事情完成。小男孩的妈妈发现后，就狠狠地骂了他一顿。小男孩哭着对妈妈说："我没有骗你啊，我跟你说过我想把事情做完的。"妈妈不再和他说下去，就让小男孩道歉。但是这个小男孩还想继续辩解，他并没有欺骗妈妈，他已经坚持说要把事情做完。小男孩解释，因为他并没有说谎，所以他不明白为什么需要道歉。"好吧！"妈妈说，"我明白了，原来你一点也不爱妈妈！"小男孩回答道："妈妈，我是很爱你的，可是我并没有做错事，为什么一定要道歉呢？"听起来，孩子说的话才像个大人，当妈妈的反而像孩子一样无理取闹。

还有一个例子，一个小女孩的爸爸是个牧师，她每个周末都会到教堂去帮忙，一次，她听到自己的爸爸在布道，书题是耶稣的同情心。牧师说："我们所有的人都是兄弟姐妹，穷人以及受苦难者也是耶稣的子民，如果我们要获得永生，对穷人和苦难的人就必须爱护。"小女孩被爸爸的讲道深深感动了。

回家的路上，小女孩看见路边有一个浑身是伤的小女孩在乞讨，看起来非常可怜，她跑过去怜惜地拥抱并亲吻了小女孩。牧师和他的太太却很吃惊，连忙拉着他们穿戴整洁漂亮的小女儿远离那个小乞丐，并且责骂她。回到家以后，牧师太太赶紧帮小女孩洗了澡，当天穿过的衣服全都换掉。从那以后，小女孩对于听爸爸布道，就像听别的故事一样，不会再当真了。

综上所述，大人一定要以身作则，言而有信，说到做到，起好表率作用，千万不要欺骗孩子。只有这样，孩子的心灵才能和身体一样茁壮成长。

正确对待孩子的错误

现在，很多人认为教师的天职就是批评孩子的错误，不管是学习上的还是人格修养上的，应该一律予以纠正。甚至大人更夸张地以为，教育儿童就是奖赏和惩罚！

如果教育真的只能用夸奖和惩罚体现，那说明孩子已经没有自我约束的能力了，这是相当悲哀的事情。如果要夸奖或惩罚，不应该在孩子们进行“工作”的时候，这是对儿童精神自由的严重干涉。因此，崇尚自由发展是“儿童之家”的教育宗旨，在“儿童之家”的学校里杜绝使用奖赏和惩罚的教育方式，在这里孩子们可以自由地做自己的事情。

不对孩子进行惩罚或夸奖的这种教育方式有它的独特之处。这样教育被证明是有道理的，这样做不需要付出多少代价，对孩子也没有太大的影响，却能够获得更好的效果。因为很多教师在教育孩子的时候，并不是合理地运用奖惩原则。比如，给学生的作业上打了0分，然后让他们修改，然而仅仅把孩子作业的分数从0分变成了10分，这样孩子的缺点就被改正了吗？

当孩子纠正之后，教师往往会说："为什么你总犯这样的错误呢，我讲的东西你好像总听不懂，这样下去，你考试能及格吗？"

事实上，教师对待作业的这种态度，只会打消儿童对学习的热情和积极性。道理很简单，对一个孩子说他很愚蠢、是个捣蛋鬼，这种做法不是帮助他，而是在伤害他。因此，想让孩子少犯错误，就必须帮他熟练掌握所学的知识。在孩子已经落后的情况下，又得不到鼓励和帮助，怎么能够提高呢？

过去那些动不动就用揪耳朵、打手心的方式惩罚学生的方式不是好的教育方式，这种做法现在看来多么可笑，用这种方式就能让他们变聪明吗？把手指打肿了，就能够写好字了吗？

大人要知道，儿童能力的提高必须通过长时间的练习，不断累积经验，想让他们听话只有让他们和其他孩子一起工作，而粗鲁地训斥孩子是不起作用的，我们对他们说"你很淘气"，说他很笨，缺少做某些事情的能力，他只会这样回答："还用你说吗，我自己知道！"

这种方式并不能纠正错误。因此，真正的教育，只有通过能力的发展，也就是通过儿童主动的活动来实现对他们本身缺陷的修复。

当然，很多时候儿童并不知道自己犯了错，但这并不意味着必须有人指出他们的错误，因为没有人能永远不犯错误。事实上，每个人都会犯错误，世界上没有十全十美的人。所以，大人应该以正确的态度来面对孩子的错误。

许多时候，孩子犯错误只是不够成熟的表现，随着生命的成长，他们的许多错误都会被改正。事实上，在孩子的成长过程中错误是不可避免的，这是孩子成长和发展的必经之路，正所谓“畏惧错误就是毁灭进步”。孩子在数学、物理、化学这些要求精确的学科里犯错误不但是不可避免的，而且错误起着重要的作用。很简单，科学的发展是离不开错误的。

既然人人都难免会犯错误，包括家长、教师和学生，既然错误不能根除，我们就此制定了一个原则：重要的不是改正错误，而是认识到自己的错误。每个人都应该反省自己做的事情是否正确，同时发现错误之后不必为犯了错而万分苦恼，而是应该就犯的错误进行认真反思。

然而除了“儿童之家”之外，一般的学校却不是这样，孩子们不知道自己犯了错误，即使错了也无所谓。他们缺乏对错误的正确认识，因为觉得纠正错误是教师的事情，与他们无关。假如我们不能自己改正错误，就要靠他人帮助。但是那怎么比得上我们自己认识到错误然后改正呢？自己才更了解自己的行为。能够自行改正错误是一种重要的能力，对一个人性格的形成起着关键的作用。如果一个人缺乏这种能力，就会变得极度自卑。

“制止错误”的有效方法能使我们有效地鉴别对与错。在日常生活中，我们难免遇到一种情况，想去一个城市，却不知道该怎么走，这时人们或者是看地图，或者寻找路标。假如看见路标上写着“艾哈迈德——2 公里”，就知道没有走错路；相反，如果路标上写着“孟买——50 公里”，那很明显，说明走错路了。如果出门没有地图和路标，就得不停地问路，而且得到的回答可能完全不正确。可见，一个可靠的方向指示是多么重要。

鉴于此，大人对孩子进行早期教育时，就应该培养日常生活的必备常识，以使孩子有认识自己错误的依据。同时，学校有必要给学生提供这方面的帮助，就像给孩子提供学习资料一样。如果能够在教育中实现这个原则，那么教师和家长是否完美对儿童的成长就不会有太大的影响了。

这样做，大人犯了错误不但不必难堪，反而能引起儿童的一定兴趣，还会拉近大人和孩子之间的距离，从而使他们成为朋友。因为对儿童来说，犯错误是很自然的事情，当他们认识到人人都会犯错误时，一定会对他们自身的成长产生很大影响。

比如两个“完美”的人在一起，肯定争吵不休，因为他们都以为自己是正确的，当然无心理解对方，也难以忍受对方。举例来说，孩子们最初都会喜欢垒积木。在这个游戏中，他们从认识了不同的几何物体到学会用自己的手去摆弄积木。当孩子们用双手将一个个积木堆积成型的时候，他们经常会发现自己犯了一个个错误，或者摆得太松，积木很快垮了，或者某个圆柱体太大，不能插进下面的积木孔里。于是，孩子们会认真研究自己的作品，找出原因，努力解决这个问题。在这个过程中孩子们的神情是专注的，因为这个错误引起了他们的兴趣。就这样，他们会一次次重复这个游戏，如果失败了就再来，直到成功为止。

这种垒积木的游戏给孩子带来两大好处，第一是锻炼孩子们的思维能力，第二是提高他们对错误的控制能力。

“儿童之家”的玩具都是专门为孩子设计的，使他们能很直观地看出错误在哪里。这些玩具不仅能吸引3～6岁的儿童，而且就连2岁的孩子也能玩。通过它们，孩子们在成长中能很快学会发现错误，然后发现改正错误的方法，进而走上不断完善的道路。当然，学会改正错误，并不代表儿童已经完美了，只有认识到自己的能力，才能激发他们工作的愿望。

有些儿童可能会说："我虽然还有很多缺陷，还有很多需要学习的东西，但是我知道自己能做什么。尽管我会犯很多错误，但是我已经能够改正了。"儿童这种审慎、自信的性格，有益于他们健康成长，这也正是大人希望孩子们具备的。

事实上，要把儿童引上这样的成长道路并不容易。对于一个孩子，说他是机灵或懒惰、聪明或蠢笨、好孩子或是坏孩子都没有用，甚至可能会起反作用。因此，大人不但要教育他们，而且应该为他们创造一种正确认识自己错误的条件。

举例来说，教师布置了一些数学题，孩子在得出结果后，总喜欢把结果再检查一遍，对这些孩子来说，检查行为比结果的对错更有吸引力。再比如还有一种很受孩子欢迎的游戏，就是对号入座，把卡片放到相对应的物体下面，他们会对摆放的结果反复检查，如果发现摆错了，往往乐不可支。由此可见，孩子往往能从发现错误的过程中获得很多乐趣。

为了促进儿童认识错误的能力的发展，大人还应该在教学中安排一些明显的错误。如果儿童能够养成经常检查自己行为的习惯，对他们今后的发展将有很大帮助。一次，我们安排做"执行指令"游戏，一个小女孩得到的指令是："到教室外面，把门关好，然后回来。"小女孩想了想，然后依照指令行动，可是刚做到一半，她就跑回来对教师说："如果我把门关上了，怎样回来呢？"

教师对她说："你说得很对，是我的命令错了。"接着，教师重新写了一个命令。女孩接过来看后说："好，现在我能够完成了。"

人人都会犯错误，犯错误并不是一件可怕的事情，只要抱着正确的态度，错误反而会成为一件有趣的事情，因为在发现错误、改正错误的过程中我们也能得到乐趣和成长。

关于奖励和惩罚

> 奖励和惩罚所激发的努力都是被迫的或者说是不自然的，所以我们当然无法谈及奖励和惩罚会带来学生的自然发展。

从古至今，“教育”一直与“惩罚”具有同一含义。不同的地方具有不同的惩罚儿童的方式。在私立学校里，通常有固定的惩罚方式。其中包括：在儿童头颈上悬挂一块使人丢脸的标牌，把驴的耳朵竖在他的头上；或使儿童面临任何过路人对他的侮辱和嘲笑。还有其他的使儿童承受肉体痛苦的惩罚。其中有：强制儿童面对角落站立数小时，或裸露膝盖跪在地板上，或在公众面前受鞭笞。现在人们对这种野蛮的方式已作了巧妙的改进，其理论是家庭和学校在对儿童的惩罚和折磨中要联合起来。在学校里已受到惩罚的儿童被责成回家时要告诉他的父亲，由此他父亲可以对教师的惩罚再添加一些责骂和惩罚。然后，这个儿童又被责成将他父亲的便条带到学校，以表明家长已经知道他儿子所犯的错误行为并给予了指责。

在这种情况下，儿童发现竟然没有一个人能保护他。他能求助于什么法庭呢？他甚至还没有罪犯所享有的申诉权。在他苦恼时可以作为一种安慰的庇护场所在哪里呢？根本没有。学校和家庭都赞同对儿童施加惩罚，因为他们认为如果不施加惩罚，教育的作用就会降低。但是，家庭并不需要学校提醒他们去惩罚自己的孩子。对家庭所使用的各种惩罚方式的研究表明，即使在我们的时代，也没有一个国家的儿童在他们的家庭里是不受惩罚的。他们被训斥、羞辱、鞭打、打耳光、撵走、关禁闭，甚至威胁要受到更大的惩罚，被剥夺跟其他儿童游玩之类的娱乐活动或不许吃糖果和水果，而这些活动或东西是他们唯一的庇护所，是他们在不知不觉中所承受的那么多痛苦的唯一补偿。还有，他们被强制不吃饭就去睡觉，他们因而要带着悲伤和饥饿度过整个痛苦之夜。

虽然在有教养的人中采取惩罚的情况已经迅速地减少了，但是它们并没有完全消失。父母仍然习惯性地用刺耳的和威胁的声调对子女加以训斥。人们已经习以为常地认为，成人应该拥有惩罚儿童的权利，父母可以打自己子女的耳光。

然而，对成人的体罚现在已经作为使人失去尊严和一种社会耻辱而被取消了。我们不禁要问，还有什么事情会比侮辱和虐待儿童更卑劣的吗？显然在这方面人的良心完全麻木了。

文明的进步不是依靠个人的努力或人的心灵的炽烈热情。它的进步就是一种无形的机器的推进。这种推动力是不屈不挠地朝前运动的巨大的社会力量，它不受个人情感的影响。

到了今天，人们已经认识到了废除鞭笞和习惯性打骂是有效的。这种局部的改良是我们的科学所提供的另外一种支持，它使日益衰落的学校得以苟延残喘的机会。如果大家允许我这样说的话，那么这种奖励和惩罚简直就是灵魂的“板凳”，是对人类精神的奴役。然而，这些科学所提供的支持并没有减少“畸形”，相反却制造了“畸形”。

那么在教育中，人类应该戴上枷锁吗？

坦白说，我们可以认为，文明人就是指戴上了社会枷锁的自然人。但是如果我们放眼眺望人类社会的道德进步，我们就会看到如下情形：枷锁总是在一点一点地松开。换句话说，我们会看到自然或者生命在逐渐走向胜利。奴隶的枷锁让位给仆人的枷锁，而仆人的枷锁让位给工人的枷锁。

一切形式的奴役都在渐渐地趋于颓败和灭亡，甚至连对女性的性奴役也是如此。文明的历史就是征服史和解放史。我们应该扪心自问，我们自己到底处于哪个文明发展阶段？如果奖励和惩罚真的有好处的话，那么这种好处对于我们人类进步而言是否必要？如果我们的确超越了这个发展阶段，那么采用这种形式的教育可能就会把我们的下一代拖回到更低级的发展水平，而不是引导他们继续进步。

在我们的社会中，政府各个部门与其大量雇员之间的关系也非常类似于学校的这种情况。政府雇员日复一日、年复一年地为了国家的普遍利益而工作，但是他们并没有感到或者看到他们的工作能“立竿见影”地回报国家，为国家带来好处。也就是说，他们并没有意识到自己的日常工作使国家能够进行伟大的事业，而且使整个民族都因此获益。对政府公务员而言，直接的回报就是步步高升，正如孩子在学校里面升级一样。一旦个人看不到自己工作的伟大目标，那么他就像孩子在学校里面被留级一样——被降到低于自己实际水平的班级。他就像是一个奴隶，他的某些权利被欺骗剥夺了！他作为人类的尊严被降格了，他被降格为一台必须要加油才能继续运转的机器，因为机器本身并没有生命的活力。一些鸡毛蒜皮的事情，例如追求华服或者奖章，都只不过是人为的刺激，只不过是照亮其脚下这条黑暗荒凉的小路的一道短暂的亮光而已。

我们在学校里面采用同样的方式奖励儿童。政府公务员因为害怕不能获得升迁，而被迫束缚在自己的岗位上，无法逃脱，被迫从事单调无聊的工作，这和学生因为害怕不能升级而被迫读书的情形如出一辙。上司对雇员的斥责和老师对学生的责骂非常类似，上司更正雇员马马虎虎起草的文件和教师给学生做得很糟糕的作业打分数也是雷同的。总而言之，这种比较的结果就是两者非常相仿。

但是如果政府部门不按照这种符合国家伟大事业的方式进行工作，贪污腐败就会滋生。这就是人类的伟大事业目标在雇员内心消失的结果，是雇员只顾眼前利益的鼠目寸光和急功近利的结果，这都是他们想方设法谋取奖励和逃避惩罚的结果。而国家之所以能够得以维系，这是因为更大部分的政府雇员都能保持公正廉明，抵制滥用惩罚和奖励，他们跟随着不可抗拒的诚实正直的历史洪流滚滚前进。这就像在社会环境中，生命战胜了贫困和死亡，并不断取得新的胜利一样。所以自由的这种本能就能扫除一切的障碍，不断从一个胜利走向另一个胜利。

这正是个人无所不在的生命力量，这种力量常常蕴藏于灵魂深处，并且推动着世界的进步。

但是那些真正以人类的事业为自己事业的人，那些真正为人类的事业赢得伟大胜利的人，从来都不会被那些微不足道的所谓“奖励”所引诱，也不会因那些渺小的所谓“惩罚”而畏惧。如果在一场战争中，一方是一支人数众多，并且由身强力壮的年轻战士组成的军队，但只是为了升官晋级、捞取军衔或者勋章而战斗，或者说因为害怕受到军法处置而作战；而另一方则是一小撮侏儒，但是他们心怀对祖国的热爱而战，那么胜利将属于后一支队伍。如果一支军队已经丧失了真正的英雄主义的精神，那么奖励和惩罚不过是“门面功夫”，最终将导致军队的腐败和怯懦。

在“儿童之家”工作的头几个月，有些教师还没学会如何把自由与纪律的教育原则付诸实践。其中一位教师尤其如此，当我不在“儿童之家”的时候，她总是用以前习惯的方法来改变我的理念。这天，我突然回到“儿童之家”，发现班上最聪明的一个孩子胸前戴着一枚大大的希腊式银质十字勋章，勋章用一条精美的白色缎带系着挂在他的脖子上。而另一个孩子则坐在教室中间显眼位置的一把扶手椅上。

第一个孩子受到了奖励，第二个孩子则是在挨罚。至少当我在场时，那位老师没有进行任何干预，后来情况一直没有变化。我默不作声，找了个地方悄悄地观察他们。

戴十字勋章的孩子来来回回忙个不停，他把自己用过的工作材料从自己的桌子上挪到老师的桌子上，还把其他东西放回原处。他愉快地忙碌着。每次他来回走动的时候都要经过坐在扶手椅上挨罚的那个孩子。十字勋章从他脖子上滑下来掉在了地板上，坐在扶手椅里的孩子捡起来，提着缎带摇晃着，仔细地看了又看，然后对他的同伴说："你知道你掉了什么吗？"那个掉了勋章的孩子转过身漠然地看了一眼那小玩意儿，他的表情似乎在说："别打扰我。"他应了一声："我对那玩意儿不稀罕。""你真的不稀罕吗？"挨罚的孩子平静地问，"那我自己戴上了。"被奖励的孩子回答说："好，你戴吧。"语气中似乎还带着"让我安静会儿"的意思。

坐在扶手椅上的孩子仔细地将缎带整理好，以便十字勋章挂在自己的粉色围裙前，这样他就可以欣赏它闪耀的光泽和美丽的式样了。接着他更自在地坐在小扶手椅里，得意地把手放在扶手上。事情就是这样，也理所当然。十字勋章虽然满足了受罚的孩子，却不能满足那个乐于工作的积极主动的孩子。

一天，我带着一位女士参观另一所"儿童之家"。她高度赞扬了孩子们，然后她打开自己带来的一个盒子，从里面拿出许多闪光的奖章给孩子们看，每个奖章都系着鲜红的缎带。她说："你们的老师会把它们挂在那些最聪明最优秀的孩子胸前。"

由于我没有必要按我的方法指导这位参观者，因此我没有作声。老师接过了盒子。这时，一直安静地坐在小桌子旁的一个十分聪明的4岁小男孩，皱着眉头表示抗议，再三叫着："别给男孩子！可别给男孩子！"

多好的启示！尽管没人对他讲过，但这个小男孩早已知道他是班里最优秀的孩子之一。但他不希望受到这种奖励的伤害。由于不知道如何维护自己的尊严，他只好借助自己作为男孩子的优势而大声抗议。

至于惩罚，我们已经多次碰到过打扰别人而不注意改正的孩子。一旦我们发现这样的孩子，就会马上让他接受医生的检查。如果检查证明他是个正常的孩子，那么我们就会在教室的一角放上一张小桌子，让他坐在那里，以此来孤立这个孩子。我们让他坐在舒适的小扶手椅上，使他可以看见同伴在工作，同时给他最喜欢的玩具。这种孤立方法几乎总是能够很成功地使孩子安静下来。他在这个位置上可以看见他所有的伙伴，他们工作的情形可以说是一种直观教学，而这种直观教学比老师的任何说教都更有效。慢慢地，他就会明白，成为眼前忙碌工作的集体中的一员是多么美好，他就会真心希望能够回去和其他孩子一样进行工作。我们用这种方法引导那些原来不守纪律的孩子学会遵守纪律。我们总是把这些被孤立的孩子当作需要特殊照顾的对象，就好像他们是生病的儿童一样。我一进教室，首先我会径直走向这个被孤立的孩子，关心他，就像他是最小的孩子。然后我把注意力转向其他孩子，关心他们的工作，把他们当作小大人一样问他们问题。对于这些有必要进行纪律训练的孩子，我不知道他们的心灵会有什么变化，但可以肯定的是，他们的转变非常好，这种转变总是彻底而持久的。他们以学会工作和表现自己而深感自豪，对老师和我也总是表现出一种亲切之情。

第七章

敏感期的教育决定孩子一生

所谓敏感期，就是指儿童在成长发育过程中出现的一种本能感觉，其目的是为了获取某种自身需要的东西，而一旦掌握了这种东西，感觉就消失了。可以说，敏感期是儿童学习的关键期，是自然赋予儿童的生命助力，且一生仅有一次。正处于敏感期的孩子，具备一种神奇的力量，他们无时无刻不在成长和创作之中。

与生俱来的敏感期

儿童的敏感期与生俱来，然而也非常珍贵，它是一种灵光乍现的禀性，只在获得某种特性时闪现出来。

刚出生的婴儿对世界一无所知，他们究竟是如何让自己来适应这个复杂的世界，又是如何辨别不同的事物，而且还能够在没有任何老师的教导之下，毫不费力地掌握了自己的母语的呢？不管这门语言多么艰涩难学，他们都能在生活中灵活自如地运用它，他们究竟是如何做到这些的呢？

德佛里斯曾经做过一个实验，他发现蝴蝶的幼虫出生后不能吃大的树叶，只能吃树尖上的小嫩叶。雌蝴蝶习惯将卵产在树干和树枝连接的角落里。幼虫破卵之后就要自己觅食，它需要的嫩叶在树枝另一端的最高处。几乎是一种本能的驱使，幼虫能自己爬到顶端，寻找到嫩叶。

既然无人告诉它嫩叶生长的位置，为什么会出现这样的情况呢？事实上，幼虫是通过感觉来判断的，它对光有非常强烈的感觉，光吸引着幼虫向最亮的地方爬过去，找到嫩叶。令人不可思议的是，等到幼虫稍微长大能吃别的东西的时候，它那种对光的敏感就消失了。过了这段时期，它对光线已经无动于衷，变得漠然。运用本能来生存的时期逐渐消失，幼虫只能开始寻找别的生活方式。

发展到一定时期，幼虫又拥有了另外一种感觉，那就是拥有翅膀变成成虫。在这个时期内，无论面对多么诱人的食物，它都会主动禁食。它把自己封闭在茧里，慢慢变成成虫，长出美丽的翅膀。

除了蝴蝶外，蜜蜂幼虫也会有一段敏感期。雌性蜜蜂都有变成蜂王的可能，但是蜂群只会选出一个蜂王。工蜂为候选的蜜蜂制造一种特殊的物质——科学家称之为“蜂王浆”，候选的雌蜜蜂在蜂王浆的滋养下变成蜂王。此时如果幼虫不好好把握吞噬期，它的身体就无法发育成蜂王。

与昆虫相比，孩子体内同样含有一种生机勃勃的敏感性，因此使他不时做出让大人无法理解的惊人举动。如果孩子失去了这种敏感性，必将造成性格上的软弱，并丧失对周围事物的热情。这个时候，作为父母如果不能顺应孩子的敏感期进行指令行事，那就很有可能损害孩子的这种上天赐予的敏感本能，孩子将因此而错过一次战胜他人和自己的先天机会。

事实上，童年时期的特点是，它必须遵循一种计划和进程表，既不许犯错误，也不许加快速度。自然界是严厉的，它会对由于功能畸变，即称为“反常”或“迟滞”所引起的任何不服从的行为给予惩罚。使我们感到有趣的是，把儿童看作是大自然的学生，他完全依据一种天赋能量而行动。这种天赋能量对他进行指导，并给他安排一种他自己将完成的工作。他对自然的忠诚态度超过中世纪骑士忠于他们的骑士称号。儿童将在身体和心理能力上得到发展，尽管其计划是由自然界所制定的。说到儿童如何这样去做，他如何开始自己的内部构建，这是他将不会展现的一个秘密，就像那位勤奋的学者对他自己正在做什么保持沉默一样。只有在一些特殊的环境中，我们才会有一些新的发现。可以说，儿童作为大自然的学生，必须常常通过考试；也就是说，儿童必须通过特别的努力使他自己不断地发展。这就是从昆虫到人的所有未成熟的生物都要经过的敏感期。

在这些时期中，敏感性是特定的发展阶段的特点，后来才会消失。“敏感性”这个词指一种专门的和主动的能力，即一种活动的能力。作为一个特定时期的特点，这种能力也是短暂的，所以，对于那些不再具有这种能力的人来说，它必定是令人惊讶的。事实上，我们可以说，由一个处在进化过程中的生物得到的每一种收获有可能在敏感期里实现的，正如那位学者不仅要在每一门科目上通过考试，而且为了升级要在相同的科目上通过考试一样。

生物在进化过程中的那些敏感期是自然界的最伟大的奇迹之一。它们仅仅是在幼年期所发现的一些本能。因此，发展并不是模糊的，像逐步积累资料或一种固有的世袭需要一样。这是一个受一些短暂的本能细心指导的过程。这些本能提供了一种敏锐的感受性和一种趋于专门的活动形式的推动力。很清楚，这种过程常常是与成人的活动不同的。事实上，我们可以说，在儿童的活动与成人的活动之间的最大差异是：成人在达到他的完美境界和实现他的身体充分发展的同时也使他的物种的本能实体化，这将引导他以一种稳定的方式在外部世界中行动。然而，幼儿通常缺乏与他的本质有关的一些不再变更的本能，而具有大量易变的和连续的本能，这将引导他获得成熟状态的特征。

这种敏感性是那些短暂的本能发展的结果，从而使我们理解连续不断的自然活动。同样地，在对身体外表进行更深入的了解时，我们发现一些器官和组织在其中起着作用，这就对人的存在提供了一种详细的说明。于是，通过有关心理现象，我们可以探究在外表下面的东西，去发现儿童的发展所依赖的各种活动。儿童的敏感期有时使他具有真正的令人惊讶的力量。我们可以注意到，一个儿童的感觉特别敏锐，例如，他的眼睛对色彩和大小就很敏锐，这引导他把注意力聚集在他的环境的最细小的细节上。令人十分惊讶的是他对秩序的敏感期，使儿童去注意外部的物体以及它们在环境中的位置。通过这种敏感性，儿童能够调整他自己，而自然是不可能在他身上养成这样的一种能力的。

儿童具有一种与成人不同的目的原则。成人是为了外部目的而不断地行动，要求冷静的努力、忘我和不厌其烦地工作。如果成人是胜任他的工作的话，那么，儿童必须很好地工作并使他自己成为一个强有力的人。但成人失去了他早期的敏感性，自然界将发现他不是一个好学生，因而不能通过严格的考试。他也不会以儿童为榜样。

仔细回想一下，每一个孩子在心理发展过程中，都曾经显示出了惊人的敏感性和意志力，只不过我们熟视无睹、习以为常，从而导致经常忽视了孩子的敏感特点以及他们的需要。

不少父母也许还不知道，在婴儿呱呱坠地的第一年，他的脑部重量会从400克左右惊人地长到接近1 000克，这也就意味着，在孩子出生后的前两年中，假如不能为他提供丰富良好的成长环境，则很有可能会延误他的大脑发育和智力发展。因为这是孩子一生中极其关键的时刻，在这个时间段当中，孩子会建立起较为完备的心智功能，而这将直接影响到他成人后的行为模式和智力高低。

因此，在孩子成长的过程中，他最初的基本难题，如直立行走、手足分工、认识事物、掌握语言、习得能力、懂得审美等，都是婴幼儿时期解决的。也许有的父母会觉得这种说法显得有些夸张，还有些父母会觉得新生儿只不过是一个无能、被动的个体，根本不会具有这样惊人的力量。

现代科学研究证明，婴儿从出生开始就具备主动探索外部世界的潜能，同时具备惊人的反应和学习能力。而每个孩子在出生后都会具备很多潜能，如果没有丰富的环境刺激和激发，这些潜能将很快消退。

也就是说，如果在这段特殊的敏感期内，孩子们受到外界的阻碍，那他们的身心就无法正常发育，甚至会紊乱和扭曲。像有些孩子幼年时期就表现得很忧郁或者孤僻，那其实是由于大人们对敏感期的忽视，无意间留给了他们阴影。

相反，如果孩子们在他们的敏感期内学会掌握某种技能或者学会自我调节，就像点燃了希望之光，给汽车提供了能量。在这种敏感性的推动下，他们会满怀活力和激情地把握周围的一切事物，并且能积极轻松地学会每件事情，从中不断积累经验和能力，只有完成了既定的目标以后，他才会失去兴趣。

当然，这种敏感期还会不断出现。也就是说，在前一种激情完结之后，另一种激情自然会随之燃起。在这种不断更替的节奏感刺激之下，孩子们会带着各种各样的新奇感去征服周围的世界，而这个过程会让他们感觉到快乐和满足。跟我们成人一样，孩子们的这种行为正是通过内心的热情和实践使其精神世界趋向于完美和谐的。

等到敏感期过去之后，孩子会感到繁重的压力让他们心生厌倦，甚至产生憎恶的情绪。这时候孩子心智上的进步，就只能通过思维的加工、主观的努力和不断的研究才能取得。这也是孩子的心理状态与成人的心理状态之间的区别。孩子们总是有一种成人们无法想象的特殊活力，它会不断驱使孩子们以热情去征服周围的事物，进而完成既定的目标。

在儿童的敏感期内，如果积极推动，便能完成惊人的事情；反之，如果忽略掉这一时期，未加以好好利用，便无所成就。

帮助儿童把握敏感期

如何运用敏感期这股有效动力，帮助儿童完美成长，是成年人不可推脱的职责。

敏感期，能促使儿童对内获取感觉，从而了解和发现这个世界。这感觉就像是一盏照亮内心的明灯，也像是一束电流，使儿童能够与外面的世界频繁交流，而他们的每一次努力都使这种能力得到增长。儿童在敏感期内完全获取所需的信息，随着年龄的增长，这种敏感就慢慢变淡，直至消失，接踵而来的就是对外部世界的漠然和麻木。

举个最简单的例子，当孩子学习说话的时候，总会有不同的声音飘进他们的耳中。这么多声音，他们是怎样分辨和接受的呢？按理说，这么多的声音该会把孩子搞得头晕脑涨才是。然而事实上，他们总能准确无误地判断出一种自己需要的声音。这是因为孩子内在的敏感性能让他们在众多声音里选中那种自己特别感兴趣的信息，并加以吸取。对于还不具有说话能力的孩子来说，也许这些声音就像外星人不知所云的怪语一样难懂，然而他们依然听得兴致盎然，因为孩子把它当作一种靠感觉来欣赏的独特音乐。

当这种有趣的声音传到他那只有通过大声召唤才能被引起震动的神经中枢时，神经中枢会受到激发，开始有规律地震动，并按照某种命令改变它们的传播或者接受方式。这一瞬间，标志着孩子的精神世界开始进入一个新的时期。

经过一段适应和训练，我们再观察孩子，发现孩子已能辨别不同的声音，每当听人说话时，他就蜷起四肢，握紧拳头把注意力转向说话的人，此刻他充满惊喜和快乐！

正处于敏感期的孩子，具备一种神奇的力量，他们无时无刻不在成长和创作之中。他们的内心里正紧锣密鼓地上演着一场戏剧。可能父母会对此现象无所察觉，然而却真实存在着。在孩子的心灵深处，这种力量在不断地生长，有时会充满孩子的整个生命。

仔细想一下，平时当孩子们正满怀热情打算做一件事情的时候，却受到了父母的干扰和阻碍，他们往往会以哭喊或愤怒来表示自己的不满情绪。而父母们一般都不知道真正原因，他们误认为这是孩子们在无理取闹，归罪于孩子还不懂事或太任性的缘故。

其实，孩子的哭闹背后都隐藏着一个不为大人所知的真正原因，他们渴望大人能给予理解和配合。孩子发脾气的主要原因是他们在这期间的需求没有得到满足，他们的敏感性受到了干扰，他们闹情绪也是表达了对妨碍他们的事物的反感，所以只要他们的需求得到满足，他们自然会平静下来。

有时，我们会看到一个孩子会做出一些反常的行为，这很有可能就是大人们错误对待他的敏感性的结果。孩子的敏感期虽然短暂，却是十分重要的，如果这种错误日积月累，必然会造成一种不良的影响，从而阻碍孩子的健康成长。

孩子的发脾气，本身就可以表现为一种激动和无目的的行为，这实际就是孩子内心的需求没有得到满足，他们急切需要大人的理解和关爱。第一次发脾气可以说就是他心灵的第一次发作，此时正如一台机器处于一种故障和失灵的状态，这绝对不是正常的现象。这是他们在拼命地保护自己生命的创造力的举动。孩子如果不发脾气，大人将更容易将他们的敏感性摧残殆尽。

正如某句箴言所说："不要让你的右手知道你的左手在帮它。"这个时候，父母不仅应该准确理解孩子内心的变化，而且要不动声色地给予孩子想要的东西，而不要仅仅认为孩子的这种异常表现只是发烧感冒那样简单。要意识到，孩子此时正在为自己的心理发展做强烈斗争和挣扎，如果父母的误解和强制力量过大，他们就会在这场斗争中失败。一旦失败，就会导致孩子心灵上的残疾。在现实中，处处可见心理扭曲的情况，比如抑郁、贪婪、好斗、易怒、胆怯等。

在敏感期阶段，孩子内心时刻都在发生奇迹。这时，我们要尊重孩子内心的创造工作。虽然一个孩子在不适合心灵成长的地方也能艰难地长大，但这样的孩子长大以后究竟会有怎样的性格和未来呢？须知道，对孩子最初教育的毫厘之差能导致将来的谬之千里。

总之，对于处于敏感期的儿童，父母首先要做的就是细心观察，并给予孩子适度的自由，让其自由探索，而不是每每横加干涉。

儿童的培养和教育应符合其发展规律，不管是老师还是家长，都应注意科学的引导方法。以下五点，是成人把握儿童敏感期教育工作的总原则：

1. 把孩子当做有完全行为能力的个体

任何孩子都是天生的学习者，尊重孩子的自然属性，他们就会循着自然的成长法则健康成长。也就是说，孩子是能够在正常的环境中不断地成长为"更有能力"的个体的，父母的责任是为孩子提供一个正常的环境。这是一个观念，成人只有改变了原来不正确的观念，才能对此有深刻的认识。

2. 细心观察孩子敏感期的出现

有了一个好的观念并不等于就可以高枕无忧了，父母还必须时刻注意孩子敏感期的到来。每个孩子都有敏感期，但不是每个孩子的敏感期都是一成不变的，恰恰相反，每个孩子的敏感期出现时间并不相同。因此，父母就必须学习，认真观察，以客观的态度，细心观察孩子的内在需求和个别特质，把握孩子敏感期的到来，随之给孩子提供必要的条件。

3. 及时提供必需的环境和条件

父母对孩子的行为举止必须认真地观察和分析，并且作出客观的评价。一旦确定孩子到了某一个敏感期，父母就要竭尽全力，为孩子准备一个能够满足这个敏感期所需要的条件和环境。

4. 鼓励孩子独立探索，勇敢尝试

在一个适当的环境里，孩子如果感到自由和快乐，就会感觉父母的尊重与信赖。虽然孩子不可能用语言表达，可是他们会用欢乐给父母以最明显的回答。因此，孩子也就会在这种环境里自由探索、大胆尝试。在这好像是不知不觉的行动中，孩子的天赋就会得到很好的发挥。

5. 成人应该协助，尽量不干涉

在这个过程中，孩子可能会做出一些让父母意想不到的事情。遇到这种情况，父母不能出面干涉，而是应尽量地帮助孩子寻找其合理性，并加以良性引导。比如孩子热衷于某件事情时，父母必须“放手让孩子自己做”，而不是越俎代庖。这个时期，孩子所做的事情可能是他无法完成的，可能还是一种添乱的举动，父母是不是能够容忍，这是检验父母是不是明白了我们一再提醒的那种好方法。当然，这里不是主张对孩子放任自流，而是发挥父母的主导作用，发挥孩子的主体作用。父母的责任是适时协助和指导孩子。

儿童爱发脾气的原因

儿童爱发脾气是他们的需要没得到满足的外在表现，这表达了他们对某种危险的警觉，或对杂乱无序的反感。

当儿童生机勃勃的活力受到干扰和阻碍时，他们就会表现出难过或愤怒，发脾气也就不足为奇了。但通常情况下，大人们并不知道孩子有这种表现的原因，于是就想当然地认为他们是在无理取闹，或者以为他们只是想得到自己的抚慰而已，因此认为儿童在成长中所表现出的各种行为都是“任性”或“发脾气”。甚至，我们还把他们任何没有明显动机的行为，任何固执或无理性的行为当作反复无常。我们也注意到他们的某些发脾气的方式会更加恶化。而实际上它本身就表明，儿童的这些行为方式本身存在着某种原因，而且这一原因在持续不断地产生影响。显然，我们应该为此找到一种治疗方法。

敏感期，这一因素可以解释清楚某些孩子发脾气的原因。另外，儿童反复无常的举动，也是长期以来受到成人错误对待的结果。与敏感期的心灵冲突密切相关的各种任性的表现，就像敏感期本身一样是短暂易逝的。任性对在敏感期养成的禀性不会具有永久的影响，但是它会产生一种不良的作用，阻碍儿童心理的成熟。

儿童心理的发展不是偶然发生的，也不是外部刺激所引起的，而是受短暂的敏感性引导而发展的，也就是说，他受获得与其特性密切相关的暂时性本能的引导。虽然儿童的心理发展也是在一定的外界环境中进行的，但环境主要是一个场所，而不是一个原因，外界环境仅仅提供了心理发展所必需的手段，就像物质环境为身体的发展提供了食物和空气一样。

儿童不同的内在敏感性，使他能从复杂的环境中选择对自己生长适宜和必不可少的东西。内在的敏感性使儿童对某些事物敏感，而对其他事物无动于衷。儿童只对某种特殊的事物具有敏感性。那些能使儿童产生敏感的事物构成了儿童的整个世界。儿童不仅仅对某些情景和事物敏感，他还具有利用这些事物来使自身发展的独特潜力，因为他正处于敏感期，在此期间他所进行的心理调整，能使他适应环境或者日益轻松、准确地到处活动。

在儿童与环境之间的这种敏感的关系上，也许可以找到解开儿童心理发展疑团的途径。我们也许可以把这种奇妙的创造性活动，设想成一系列来自潜意识的充满活力的行为。当这些行动与环境相接触时，就产生了一个人的意识。它们最初是混乱的，然后将会清晰明了，最后达到能进行创造性思维的境地。

以儿童学习说话为例，我们就可以清楚地看到这一过程。当不同的声音杂乱无章地传入儿童的耳朵时，他们仿佛在顷刻间清晰地听到了某种有趣的吸引人的声音。

渐渐地，儿童的耳朵能辨别出不同的声音，他的舌头也运动得更加灵活了。

处于敏感期的儿童有若神助，他的心灵能得到一种神秘的激发。他的内心深处仿佛在上演一部充满爱的戏剧。这种激发正在儿童心灵的秘密领域里展现出来，有时甚至会完全占据儿童的心灵。这种在无声无息中默默进行着的激发不可能不留下高贵的品质，这些品质将伴随儿童一生。

只要儿童所处的环境能充分满足他的内在需要，所有这一切都将悄悄地发生，丝毫不需要人们去专门注意他。例如，“说话”是所有他要掌握的技能中最难的一种。儿童对于“说话”的敏感，还没有引起人们的注意。事实上，由于儿童周围都是成年人，他们之间的对话为这个儿童语言能力的发展提供了必要的条件。唯一能使我们了解儿童这种敏感性的，是他的微笑，这是他对人们用简短、清晰的词语对他说话时，所表现出的快乐。

当某些障碍阻止了儿童敏感性的正常发挥时，就会出现相反的情形，一旦出现这种情形，儿童的敏感性可能就会在他的激烈反应中表现出来——“发脾气”。但实际上它表现了一种内心的空洞，或者是由于需要没有得到满足而引起的紧张感。

发脾气本身可以表现为一种激动的和无目的的行为，我们可以把它比作发高烧。它会突然袭击儿童，可我们却没有找出相应的病理上的原因。正如我们所知道的，通常儿童生了小病，体温就会高得惊人，而这种病实际上并无大碍。儿童的发烧可能来得快，去得也快。同样的，儿童在心理水平上也会由于他特殊的敏感性而产生一种强烈的焦虑不安，而且还没有相应的外部原因。事实上，任性或发脾气在儿童身上表现出来，它们可以被认为是人类心理反常的证据。如果把每一种官能上的失调看做一种官能性的疾病，我们也就得把所有的心理紊乱称作官能性疾病。儿童第一次发脾气就是他心灵的第一次发病。

由于病理状态比自然状态更显著，人们已经注意到了“发脾气”这种情况。当孩子处于这种状态时，他从来不是平静地提出问题和要求得到回答，而是处于一种故障和失调状态。这不是自然的规律，而是对自然规律的违背。因此，几乎所有人都注意到了这种异常情况。伴随着这种表现的则是生命的创造力和保护创造力的举动，而创造力和保护它的本能却仍隐藏着。

儿童的心理疾病已受到重视，然而对他们正常心理的认识还处于朦胧状态。如果不给儿童提供帮助，如果忽视他所处的外界环境，那他的心理世界将处于持续的危险中。

因此，我们不能再无视儿童的心理发展。我们必须从一开始就去帮助儿童。这种帮助并不在于塑造儿童，而在于观察儿童心理发展的外在表现，在于能为儿童的成长提供必要的手段，因为这种手段单靠儿童自己的努力是办不到的。

微小的细节，是孩子独特的视角

忙碌的大人常会忽略周围环境中的微小事物，但是孩子却常能捕捉到个中的奥秘。

在孩子的眼睛里，一切都是新鲜的、纯洁的。幼儿在2～3岁时会表现出对细节的敏感，他的注意力往往集中在最小的细节上。这表明幼儿精神生活的存在，以及幼儿和大人具有两种不同的智力视野。

一位家长带着她1岁3个月的小女儿去公园玩。小女孩在花园里一直开心地笑，当时她坐在砖块上，脸上一副很惊喜的表情。小女孩的面前是一个美丽的花坛，但她并不是对着漂亮的花朵微笑，她的妈妈疑惑地走近她，并朝她看的方向看过去，那里什么也没有。妈妈觉得更奇怪了，她到底在笑什么呢？这时小女孩转过头来很认真地对妈妈说："你看，那里有个小东西在动。"顺着她的手指方向，妈妈看到了一只很小很小的昆虫，昆虫的颜色与它周围的泥土的颜色一样，而且它正在努力地往前爬。原来引起小女孩兴趣的就是这样一个对我们来说无关痛痒的、会跑动的小东西。

有一次一个差不多同样年龄的小男孩给我留下了相似的印象。他的母亲给他收集了很多鲜艳的明信片让他玩。这个小孩对这些收藏品似乎很感兴趣，拿来给我看。他用稚嫩的语言对我说："吧-吧，"即"汽车"。我知道，他这是要我看汽车的图片。

他有许多各种各样漂亮的图片，显然，他母亲把这些东西收集起来是为了让他高兴，同时也可以对这孩子进行教育。这些明信片上画着蜜蜂、狮子、长颈鹿和猴子等陌生动物。有些明信片上有鸟和会令儿童感兴趣的家禽——绵羊、猫、驴、马和母牛的图画。还有些明信片则绘有各种景色和风景，上面画着房子、动物和人。让人感到奇怪的是，在所收藏的明信片中并没有汽车的图画。我对这个孩子说："我没有看到汽车。"当时他看着我，拣出一张明信片并得意洋洋地说："啵，这儿！"在这幅图画的中央，画着一只美丽的猎狗，远处有一个猎人，肩上扛着一把枪，在一个角落里画着一座小屋和弯弯曲曲一条线，可以肯定它算是一条路，在这条线土还有一个黑点。这个小孩用手指着这黑点说："吧-吧"。事实上，虽然它极小以至几乎看不到，但我可以看出这个小黑点确实代表一辆汽车。一辆汽车按如此小的比例绘制，以至很难发现它，这倒引起了这个小孩的兴趣，促使他指给我看。

我想，也许这个小孩的注意力还没有被吸引到这些明信片所画的许多漂亮和有用的东西上。我挑出一张画着长颈鹿的明信片对他解释："看这长脖子。"这个小孩严肃地答道："长颈鹿。"我没有勇气继续讲下去了。

可以这样说，在儿童 1 岁多的时候有一个时期，那时天性会引导智力逐渐通过一些阶段，直到他获得所有事物的知识。

下面是这一类的一些例子。我曾经想给一个大约 20 个月的小男孩看一本写给成人看的《新约全书》。这是一本由居斯塔夫·多雷画插图的漂亮的书。该书中复制的名画中有一幅是拉斐尔的《主显圣容》。我给这小家伙看了一幅画有耶稣召唤小孩到他身边去的图画，然后进行解释：

“这个小孩在耶稣的怀里。你看，其他的小孩把头靠在耶稣身上，所有的小孩都仰视着他，爱戴他。”

从这个孩子的脸上看不出丝毫的兴趣。这时，他扭动起来，似乎我没在照管他。我翻着书，开始寻找另一幅图画。突然，这个小孩说：“他在睡觉。”

这句话让我困惑不解，于是问道：“谁在睡觉？”

这个小孩认真地回答道：“耶稣，耶稣在睡觉。”他示意我把书翻回去自己看看它。

我再一次看这幅图画，它画的是耶稣基督正俯视着儿童。他的眼睑下垂，真的像是一个人在睡觉。这个小孩的注意力已经被没有一个成人会注意到的细节吸引住了。

我继续解释这些图画，对一幅画有耶稣基督显现圣容的图画我这样解释说：“看，耶稣升天了，人们惊恐万状。你看这个小男孩怎样转动着眼睛，这个妇女怎样伸出了手臂？”我认识到，我选择的这幅图画不合适，这种解释不可能对儿童有吸引力，但我感兴趣的是，发现了小孩和成人对这样的一幅复杂的图画所产生的反应是不同的。这个小孩只是轻轻地嘀咕了一声，似乎在说：“嗯，接着往下翻。”但他的脸上没有表示出一丝的兴趣。我又开始往下翻，看到他抓起了挂在他脖子上的像兔子一样的装饰品。然后他叫了声：“小兔子！”我想：“他被这个小玩意儿吸引住了。”但突然，这小孩又示意我把书翻回去。我照他所说把书翻回去，发现在《主显圣容》这幅图画的一侧确实有一只小兔子。有谁曾经注意到这一点呢？显然，儿童和成人具有两种不同的智力视野，这不只是一个程度的问题，一个从小逐渐变大的问题。

对儿童进行感官教育

感官是心灵的窗户，感官对智力的发展具有特别重要的意义，可以说感觉训练与智力培养密切相关。

孩子从出生的那一刻起，就能够借助听觉、视觉、味觉、触觉以及嗅觉来熟悉环境，了解事物，其智力的开端也始于这五种感觉。3岁前，孩子透过潜意识的“吸收性心智”吸收周遭事物；3~6岁则更能具体地透过感官分析、判断环境里的事物。为此，我设计了许多种感官教具，如听觉筒、触觉板等以训练和加强孩子的感官敏锐度，引导孩子智力的发展。父母也可以在家中准备多样的感官教材，或在生活中随机引导孩子运用五官，感受周遭事物。尤其当孩子充满探索欲望时。只要是不具危险性或不侵犯他人他物时，应尽可能满足孩子的需求。

我认为到目前为止我们还未完全认识到这一点，即在日常生活中对儿童进行感官教育是必不可少的。我们的教育方法向来是先培养智力，然后再让儿童遵循所学的原则进行活动。一般而言，我们在讲课时都会先讨论令我们感兴趣的事物，等学生理解之后，再引导他们完成与事物有关的一些工作。但是只理解概念的学生在完成我们交给他的工作时通常会遇到很大的困难，因为我们忽略了给予他至关重要的一部分教育，即感官的完善。也许我可以举一些例子来阐述这个观点。比如，我让厨师去买“鲜鱼”，他虽然明白“鲜鱼”的概念，购买时也努力地按照这个概念去买鱼，但是如果他没有接受过用视觉和嗅觉识别鲜鱼特征的训练，他就不知道如何按照我们的要求去购买。

感官能力的缺乏在烹调实践中会表现得更加明显。一个人也许通过学习书本知识就能具备一位厨师必需的知识，他清楚地知道烹饪书上建议的配料和烹饪时间，也能进行一切的技术操作并做出令人满意的菜型。但是当面对如何根据菜的味道准确地判断出恰到好处的火候，或者用眼睛或根据味觉判断出什么时候加什么调味品这些难题时，如果他的感官没有充分地做好准备，那么他就一定会出错。

这种能力只能通过长期的实践才能获得，烹饪上的这种练习只不过是一种滞后的感官教育。实际上成年人通常不可能再接受感官教育，这就是为什么好厨师难找的原因。

医生也是如此。一个医科学生学习了脉搏特征的理论，怀着悬壶济世的愿望坐在病人床边想诊出脉搏；但是，如果他的手指不知道怎样感觉出脉象，那么他的理论学习也是枉然。在他成为一位医生之前，他必须具备辨别各种感觉刺激的能力。

同样，医科学生虽然学习了心脏跳动的理论，但他们只有通过实践才能听辨出心率。和诊脉一样，医生的双手往往因缺少实践而不能察觉出一切轻微的振动和活动。医生在收集各种温觉刺激的过程中，如果他越依赖体温计，那么他的触觉就发展得越不充分，他的感官就越得不到训练的机会。众所周知，一个医生可能很有学问、非常聪明，但不一定是一名称职的医生。要想成为一名称职的医生就必须经过长期的实践。事实上，这个长期实践也不过是一种滞后的感官练习，通常效率很低。医生掌握了丰富的理论后发现他不得不做一项枯燥无味的工作：记病历，即记录下他观察病人所发现的症状和病人手术后的症状。如果他想从这些理论中获得任何实践的成效，他就必须做这项工作。

所以我们应以模式化的方法训练新手医生触诊、叩诊、听诊，目的是让其辨别脉象、胸腔回音、呼吸频率以及其他有助于诊断的各种声音。很多年轻医生因此深受挫折，最重要的是这种训练耽误时间，因为往往一训练就是好几年。于是产生了不道德的但却是时有发生的事情，即一个人还不能根据病症准确诊断疾病时就去从事责任重大的医生职业。全部医术都应建立在感官教育的基础之上，但医科学校却恰恰相反，让医科学生通过学习古典医学著作来做好行医的准备。古典著作虽好，但由于医生的感觉教育不足，因此就算他的智力发展充分，也恐难胜重任。

一天，我听到一位外科医生给许多贫穷的母亲上课，介绍怎样识别幼儿软骨病的初期症状。他希望这些母亲把患这种病的孩子趁还能医治的时候及早送到他那里医治。这些母亲们懂他的意思，但是她们不知道如何识别畸形的初期症状，因为她们缺乏感官教育，不能辨别与正常情况略微不同的畸形症状。

所以那些理论课都没有用。如果我们稍微思考一下就会明白，几乎所有掺假的食品之所以能骗人，就是因为大多数人的感觉迟钝。就像任何欺骗的成功都源于受害人的无知一样，欺骗性的食品行业靠民众感官教育的缺乏而存活。我们经常看见购买者寄希望于商人的诚信、公司的信誉，或商品的标签，因为购买者本身缺乏直接判断的能力，他们不知道如何用自己的感官辨别各种产品的不同特性。事实上我们可以这么说，许多情况下人们的智力因实践的缺乏而变得无用，而这种实践几乎总是和感官教育有关。每个人都知道准确地判断各种刺激是日常生活中的基本需要。

一旦我们唤起了儿童的这种感官活动，自我教育就得到了保证，因为经良好训练获得的精确感觉让我们能更细致地观察环境，而多样的环境反过来又吸引儿童的注意力并使儿童的心理感觉教育得以继续。

另一方面，如果在色彩感觉教育中，我们把某些物体的明确的色彩概念单独挑出来，那么这些物体就和那些局限于让儿童知道以及记忆物体相关概念的训练联系起来，或者说成为这种训练的一部分，所以这种感觉训练还是没有效果。例如，当教师用老方法进行颜色名称练习时，她只教授相关颜色性质的概念，不训练色彩感觉。这样儿童只是从表面上知道这些颜色，他随时都会忘记；充其量他也只能按教师的描述来辨别这些颜色。所以使用老方法的教师在激发儿童的色彩概念一般化时，她常常会这么说，例如“这朵花是什么颜色的”，“这个带子是什么颜色的”，而儿童的注意力也只能呆板地停留在她所给的实例上。

我们可以把儿童比做一个时钟，用老方法教育儿童就好像我们先让时钟的齿轮静止，再用手指去拨指针，指针只随我们手指的不停拨动而在钟盘上转动；同样，儿童的教育更是受限于教师对儿童所做的工作。相反，新方法可以比做上发条的过程，它使整个时钟自己运转起来。

时钟的运转与时钟直接相关，而与上发条的动作没有直接联系，所以儿童心理的发展是自发的、连续不断的，并且与儿童自身的心理潜能直接相关，而与教师的工作没有直接联系。心理运动或者自发的心理活动在我们这里是从感官教育开始的，并通过儿童的观察力得以维持。例如，猎狗灵敏的嗅觉不是来自于主人的训练，而是它的嗅觉感官本身就特别敏锐。一旦猎狗在合适的环境，如打猎练习中应用这种生理特性，那么这种嗅觉就会不断完善，而猎狗也乐在其中并喜欢追捕。一个物理学学生可能知道所有的谐音定律，这是他的科学知识的一部分，但他连最简单的曲子也写不出来。尽管他的知识广博，但还是会被他的学科范围所限制。我们幼儿教育的目标必须是帮助幼儿在智力、精神、体格上自然发展，而不是把幼儿培养成为一般所说的学者。所以，我们在给儿童提供了适合于促进其感官发展的教具之后必须等待，让他们的观察力自然地发展，教育者的艺术就在于此。教育者应该知道如何衡量帮助幼儿发展个性的行动。那些持有正确态度的教育者很快就会发现幼儿个性的巨大差异，这些差异要求教师采用不同的教育方式。有些幼儿几乎不需要教师的干预，而有些幼儿则需要她实际的指导。所以我们必须在教学中严格地遵循这一原则，即最大程度地减少教育者的主动干预。

总体来说，感知是儿童所有认知活动的开端，人们接受信息就是依靠感知觉来进行的。感知觉是记忆、思维、想象等高级认知活动的基本，也就是说，感知能力发展得越充分，记忆储存的知识经验就越丰富，思维和想象发展的空间和潜力也就越大。但是，感官教育对于成年人来说通常都很困难，比如一个成年人想要成为钢琴家，但他的手指很难训练。如果我们想要通过训练发展完善感官，那么我们就应在感官活动形成初期即开始感官教育并用相应的方法进行训练。因此，从孩子出生之日起，父母就应该通过多种手段促进儿童各方面感知觉的发展，积极引导儿童通过感知觉认识和探索周围的世界。

神奇的语言敏感期

正常的儿童可以在自然状态下很容易地学会母语，正是因为他具有神奇的语言敏感力。

语言是自然赋予人类的一种本能，但也有超乎自然的部分。幼儿周围的成人并没有刻意地教孩子语言，然而人类的语言对婴幼儿而言，就如同人间最美妙的音乐。他们生命内在有一种自发的力量，让语言在他们尚不能表达和自由活动时，就开始被吸收、储藏。

现实生活中，我们并没有为孩子拟定一个从出生就开始学习语言的紧密课程，只是让他生活在我们当中，有空时陪他说说话，心血来潮随兴教他认识一些周遭事物的名称。但时间一到，孩子就能如法炮制我们的语言，甚至会有新名词的创造或突发性地会说很多话。

我们知道，在人的生命活动中，各种感觉器官都发挥着各自重要的作用，比如神经系统、神经中枢、运动肌肉等。19 世纪末，人类就开始了对大脑的研究。科学家发现，大脑皮层的神经细胞与语言系统有着一定的联系，这包括两个区域：一是感觉中枢，主导语音的接收，如耳朵用来接收发出的语言；二是运动中枢，主导发音动作，如嘴、鼻子、喉咙用来发出语言。医学研究发现，人类的这两个中枢的发展是分开进行的，无论是在生理还是心理方面。听觉器官与某种心理能量有关，这种能量使儿童能在无意识中吸收语言；而运动中枢是通过说话时各个器官的活动来了解。很显然，语言的运动中枢发育相对于感觉中枢来说较为缓慢，而且出现得很晚。对此只有一个解释，那就是儿童的语言接收促成了语言表达器官的发展。

这种设想是非常合乎逻辑的，既然人生来是不会使用任何语言的，那么，儿童只能先听到大人们说的话，然后在他脑海里形成印象，才能说出同样的话来。也就是说，语言器官的活动需要以大脑接收的语言信息为条件。但是我们必须注意，语言并非来自逻辑推理，而是一种自然机制的产物。当然，自然往往是“合乎逻辑”的。

大脑的这两个中枢最初不起任何作用，这表明它们不存在遗传的影响，但是它们属于语言机制的一部分，蕴含着学习语言、表述语言的能力。但是，深入研究时发现，人的语言机制除了这两个神经中枢之外，还有一种特殊的感觉能力，那就是听觉，它直接影响着儿童的语言能力。学习语言的这些条件，在儿童出生之前，大自然就已经给他们准备好了。

语言器官的形成极为神奇，比如说耳朵的结构就非常精密，可以毫不夸张地说是一部天才的音乐作品。耳朵的主要部分像一把“竖琴”，有 64 根长度不等的弦，按照一定的规律排列。但是因为人耳朵的空间有限，只能使它成为一个螺旋形排列。虽然空间不大，但是这把“竖琴”却能够分别各种声音。是什么在发动它们呢？原来，在“竖琴”的里面，有一层像鼓面一样的膜，我们称之为共鸣膜，只要有声波触动这层共鸣膜，“琴弦”就会震动，这样就可以听到外界的声音了。

虽然，耳朵并不能对自然界所有的声音都有反应，但它完全能够对人类的语言做出准确的反应。在婴儿出生之前，耳朵就已经长成了，婴儿出生后，耳朵已经可以使用了。

但是，耳朵还只是一个接收声音的器官，真正将声音转化为语言的是大脑。那么，耳朵是如何将声音传给大脑的呢？许多科学家从事这项研究，他们认为，耳朵是发育最慢的器官，初生的婴儿对于声音的反应非常迟缓，除非声音非常大，否则初生的婴儿就像聋子一样不会有任何反应。婴儿对声音反应迟缓，这的确是非常正确的，但是，我相信儿童的语言中枢反应异常敏感，尤其是对带有词汇的声音，也就是说，儿童听觉器官不是对任何声音都有反应，而是对于某种类型的声音做出反应，比如语言。

我自己的推论是这样的：儿童大脑中的语言机制只对语言这种声音做出反应，他们的听觉器官天生就对声音有鉴别力。这一点我们可以证明，如果对声音没有鉴别力，儿童开始说话的时候就会模仿各种声音，而不仅仅只是模仿人类的语言。大脑神经中枢天生就是有所区别的，而儿童天生只对语言敏感。

儿童大脑中的这种语言机制是专门为形成语言而形成的，人不是一开始就拥有语言，而正是因为这种特殊的机制才使人类逐渐掌握语言。婴儿在出生时就拥有这种能力，这才使他们能够对语言进行吸收。在成人看来，刚出生的婴儿似乎只知道睡觉。而这段神秘的时期一结束，婴儿似乎就从睡梦中醒过来，仿佛一夜之间他们的听觉神经发挥了作用，能够听到人类美妙的语言。但事实上这个过程从他们一出生就已经开始了，他们学会辨认人类语言，并对此做出反应。

生命的创造源于大自然一种伟大的力量，正是这种力量赋予儿童记忆机制，使人类的语言一代代传承下来。不仅是语言，舞蹈、音乐也是如此，婴儿刚出生时什么都不会，但是随着年龄的增长，基本都能学会人类所有的技能。

对于刚出生的婴儿而言，最初外界环境里只是杂乱无章和无法掌握的声音。但突然之间，他会感觉到一些清晰的和吸引人的声音，他无法听懂某种语言的发音，于是就会试着将这些声音当成某种音乐，由此他们的世界里充满了音乐。而随着时间的推移，部分的神经纤维逐渐随着声音发出颤动，不是全部的神经纤维，而是那些隐藏的，过去一直只会用作哭叫的神经纤维被唤醒了。它们改变了方式，开始进行有序、有节奏的颤动，并为心灵胚胎的发展开创了新的时期。慢慢地，婴儿的耳朵开始学会辨别声音，婴儿的舌头以往只用来做吸吮的动作，但随着耳朵功能的完善，舌头也感觉到了内在的颤动。在一种无法抵抗的力量的驱使下，婴儿的舌头开始与喉咙、脸、嘴唇配合，婴儿终于开始发出自己的声音。虽然这种声音算不上是语言，但是却能给他们带来至高无上的享受。婴儿的身体表现出这种发自内心的享受，他们蜷缩四肢、握紧拳头、抬起头目不转睛地看着身边说话的人的嘴唇。如果成人对他说一些能让他区别的发音或者是清晰的短语，他会表现出非常高兴的样子，这就是婴儿学习语言的开始。

一般而言，约 4 个月大的婴儿已经开始意识到语音是发自嘴里，他们会经常性地观察成人的嘴唇，并努力模仿。当然，这些动作都是无意识的，他们的发音器官还没有发育完全，不能真正意义上的进行工作，但是很明显，婴儿已经注意到了语言，并且对此充满了兴趣。

对成人说话的观察一般要进行两个月左右。在婴儿出生大概 6 个月的时候，他们有时偶尔能发出“趴趴”、“嘛嘛”的声音，在成人听来，这就好像是在叫“爸爸”、“妈妈”。不过在很长一段时间内，他们只能发出这两个词，语言上却再也没有更大的进步。这意味着，婴儿先前所做的努力已经发展到了一个临界点，开始脱离潜意识的学习时期，可以有意识地去学习语言技能了。

当婴儿长到 10 个月大的时候，他们已经意识到听到的声音有某种含义，尤其是父母和他们说话的时候，他们开始知道这些话代表着不同的含义，并且努力去理解它。再过两个月，他们就可以尝试着说话了，尽管这时还只是咿呀学语，但是他们的表达明显地有了目的，他们的思想已经进入了有意识的状态。那么，在这个时期，婴儿的身体里到底发生了什么样的变化呢?

通过以往的科学研究我发现，儿童身体内的变化远远要超过我们表面上看到的。这个时期的儿童开始意识到语言与事物之间的联系，他们学习语言的意愿日益强烈。他们开始努力去冲破过去自身那种无意识的状态，进而进入有意识状态，由此在他们的体内便引发了一场冲突。这应该是他们一生中的第一次冲突。为了要说明我的这个观点，我来举一个例子，比如，我很希望能和外国的读者交流，但是我的外语非常的糟糕，语言差异使我无法顺利交流。那么我面临的状况就和儿童非常相似，他们有强烈的表达与交流的愿望，但是不管如何努力也无法达到这个目的。他们因此而苦恼不已，只能在潜意识中不停地学习，并在一段时间之后取得了令成人吃惊的成绩。但是，成人却几乎无法在这么短时间内掌握一种语言。

成人在与儿童对话时，有时候会开玩笑地学习儿童的语言。在旁人看来，这似乎是一种童心的表现。但是要注意一点，成人与儿童对话实际上是为儿童提供了一个学习语言的机会。儿童能从中模仿并理解语法知识，因此，成人在与儿童对话时应该遵循语法规则，这样才能真正帮助儿童学习和组织语言。

1~2岁是儿童语言发展的关键时期。在这个阶段内，看护儿童的成人必须具备完善的语言知识，这样才能给儿童提供帮助。现在，我们重新回到刚才举的那个例子上。我的外语很糟糕，无法对外国听众表达清楚我的意思，这时我该怎么办呢？我可能会大为恼火，大发脾气。儿童也会有这样的情况，在他们还不能用准确语言来表达或者是语言能力还不够完善的时候，我们往往无法理解他们的意思，这时候他们就会着急得大发脾气。儿童由于自身的语言能力有限，常常会因为成人的不理解而感到孤立无助。如果父母能够明白他们简单语言表达出来的意思，那么对他们的帮助该是多么巨大呀！但是大部分成人都无法明白其中缘由，总是会一笑了之，认为小孩子都喜欢发脾气。这个时候的孩子只能加倍努力，希望成人明白自己的意思，希望与成人畅通无阻地交流，这种交流的愿望就能促进他们更努力地学习语言。

儿童到1岁半左右时，开始意识到每样东西都有自己的名称，都有一个特定的词来表示，他们已经能够从听到的名词中分辨出一些具体的名词，这是一个非常大的进步。刚开始说话的儿童只会说出单个的名词。心理学家称儿童所说的这些名词为“一个单词的句子”。只要我们留心会发现，事实的确如此。比如孩子经常会说“吃、吃”，意思就是“妈妈，我要吃饭”。儿童改变了一个单词，用它来表示一个句子的意思。儿童还会用简单的拟声词来表示一种物体，比如，他们常用“喵，喵”来指猫，“汪、汪”来表示狗，人们把儿童的这些语言称之为“儿语”，而我们对这种“儿语”的研究还远远不够。

在两岁之前，儿童对语言的把握还是比较模糊的，但是两岁之后他们一般就会表达比较复杂的句子了。似乎是在两岁后的某一天，儿童突然就学会了运用各种名词、动词和形容词了，甚至还可能运用长句来表达自己的意思。这个时期的儿童已经建立了他所特有的心理结构和语言表达机制。可以说，两岁是人类心理发展的分水岭。到了五六岁的时候，儿童学习新的单词，并逐渐将语法知识完善。这个时期外界环境对儿童的影响极为明显，假如他周围的人说的都是方言，那么儿童说出的也一定是方言。假如他和一些能说会道的人在一起生活，那么他也会变得能说会道。比利时的心理学家发现，一个两岁半的儿童通常拥有二三百的词汇量，但当他成长到6岁时，他已经能够使用上千个词汇了，而且这些词汇都是他们自己学习掌握的。成人往往认为孩子并没有经过系统的学习，不会正确运用这些词汇。但事实上我们的孩子已经独立完成了学习语言的整个过程，这种自觉、自然地学习语言的能力，使人类的文明得以不断发展，人类的历史取得了辉煌的成就。

在学习语言的过程中，儿童渐渐从潜意识学习向有意识学习时期发展。所以父母应该时刻注意与孩子的交流与沟通，理解孩子学习语言付出的艰辛努力，并给予他们足够的帮助，为他们创造一个良好的语言学习环境，帮助他们开启语言之门。

最易观察到的动作敏感期

儿童具有建立自己能力的动力。他们会对周围人的行为进行模仿，然后培养自己的能力。

在孩子的发展过程中，动作敏感期是父母最易观察到的一个敏感期。动作发展主要包括两个大的方面，一个是身体运动，如走路；一个是手的动作。手表现为喜欢抓东西，用手探索环境、认识世界。这中间包括了对空间的敏感表现，如爬、抓、移动物体等，稍大一点的孩子则喜欢爬高、旋转、扔东西等。

2～3岁时，幼儿通过个人的努力学会走路，并逐渐取得平衡，走出稳健的步伐。幼儿从迈步到学会走路的这个过程中，是非常愿意走路的，而且不愿意让成人拉着走。尤其是两岁的孩子，活泼好动，父母应让其充分运动，使其肢体动作正确、熟练，并帮助左、右脑均衡发展。除了大肌肉的训练外，小肌肉的练习也必须强调，即手眼协调的细微动作教育，这不仅能让孩子养成良好的动作习惯，也能帮助智力发展。

儿童对动作的学习有它固定的规律，每一动作的学习都有其特定的时期：走路的敏感期是1～两岁，手的敏感期是1.5～3岁。在儿童开始学习动作时，他的大脑也已经开始学习周围的环境。在开始学习动作之前，儿童就已经有了无意识的心理发展。当他开始学习第一个动作时，无意识就开始变成了有意识。如果观察一个3岁的儿童，就可以发现他总是在玩弄一些什么东西。这就意味着，他对最初无意识的东西开始变得有意识起来。通过一些他看起来是游戏的外部经验，他开始对以前无意识学习的东西进行研究。他开始变得完全有意识了，并且通过自己的行动完善自己。他通过自己的经验亲自完成这一过程，最初，他把这些看做游戏，后来就变成了工作。

很多例子证明，儿童不但需要一些有趣的事情，而且也想准确地知道如何去做这些事情。准确对于他们来说有很大的吸引力：这也是他们不断进行探寻的原因。由此也可以推断，儿童对事物的兴趣有一个下意识的目的。儿童的一个本能就是：努力协调自己的运动，并把它置于自己的控制之下。

通过观察发现，儿童一旦被某一事物所吸引，就会不断重复地做这件事情，并且全神贯注。

凯琳4岁了，在一段时期内对用毛线穿珠子的“工作”发生了兴趣，几乎在一周多的时间里，每天上午都会反复地做这个“工作”。同时在这段时期内，她对自己手上的动作注意了很多，在做用两根手指夹物品这类的动作时比以前更加慢、更加精细了。老师观察到这点后，初步认为凯琳进入到了小肌肉发展的敏感期，开始对自己的小肌肉动作产生了兴趣。于是为了强化她在敏感期内的动作发展，特意安排了不同的游戏和玩具。比如，在用毛线穿珠子的椅子旁投放了用细线穿珠子的玩具。这个玩具果然引起了她的注意，在将用毛线穿珠子这个动作做得非常熟练后，凯琳开始了用细线穿珠子的征程。细线要比毛线细得多，所用的珠子也比之前用的珠子小，因此工作的难度增大了，对凯琳的锻炼意义也就更大了。在她能熟练地用细线时，我们又把这个线换得更细了。就这样，由凯琳对穿珠子这一动作的兴趣出发，循序渐进地引导着她提高小肌肉动作的难度，最终让她在敏感期内将小肌肉动作发展到了一定的高度。动作是儿童思维的起源，不同动作的掌握对孩子的心理发展有着重要的意义，也与孩子智力的发展和性格的形成有很大关系。

这同时也表明，表面的目的仅仅是一个刺激点，真正的目的是满足一种下意识的需要。这就是儿童做这种事情有助于儿童成长的原因，因为儿童这种不断重复的运动，会增加儿童精神系统的控制能力，在儿童的肌肉之间建立一种新的和谐。成年人不停地做各种游戏、运动也是同样的原理。我们打网球、踢足球的目的不仅仅是把球打得更准确，而是这些运动可以锻炼出一种以前不具有的技巧和能力。

儿童的这些行动都可以称之为游戏。但这种游戏有助于儿童获得将来他们所需要的能力。儿童的本能要求他们适应他所生活时代的需求。这需要儿童内部的不断努力，好像有人在对他说："你必须培养这种能力，这正是你将来所需要的。"儿童时期是完成这一任务的最好时期。儿童具有建立自己能力的动力。周围人的行为对儿童来说是一个刺激，他们会对这些行为进行模仿，然后培养自己的能力。6岁以前的这一阶段是非常重要的。他们在这一期间所建立起来的各种能力会伴随他们终生。他们的走路方式、做事方式都会定型，并且会成为他们性格的永久特征。

社会规范敏感期内的养育措施

幼儿社会规范敏感期大概会出现在两岁半以后，这个阶段的孩子会逐渐脱离自我中心，而对结交朋友、群体活动有明显倾向。

两岁半以上的儿童逐渐脱离以自我为中心，开始关注身边的同伴，产生了结交朋友的愿望，对交朋友、群体活动等有了更加明显的倾向。随着年龄的不断增长，与人交往的愿望、在群体中生活的愿望会更加强烈。这种心理状态，促使幼儿为了获得同伴的青睐，而修正自己不恰当或粗暴的行为，使交往能够成为可能。这就是儿童的社会规范敏感期。

社会规范敏感期的社会教育极为重要。这也提示父母应该为孩子建立明确的生活规范、日常礼仪，使其日后能遵守社会规范，拥有自律的生活。此阶段也是纠正人格偏差的一次良机。社会规范敏感期时的教养措施有：

1. 及时捕捉孩子的社会敏感期

每个孩子的敏感期出现时间并不完全相同，因此父母只有细心地观察孩子的内在需求和个性特质，才能有的放矢地实施教育。对于两岁半左右的孩子，家长要特别关注孩子的社会性行为，如以往孩子对父母的要求不理解、不采纳，但到了两岁半，孩子逐渐理解并遵循父母的要求做事情，这说明孩子在逐渐调整自己的行为，与周围环境的规则相适应。在社会性交往方面也是如此，1 岁的孩子，自我中心意识很强，但在两岁以后，开始关注同伴的行为，出现了模仿、简单交流、交往困难或是有交往愿望时，这都说明孩子的社会敏感期真的来到了，家长要给予相应的关注。

2. 创设丰富而适宜的社会性环境，促进幼儿社会能力的形成

社会交往知识的获得与社会交往能力的发展，是在实际应用的过程中完成的。然而，在当今独生子女家庭中，孩子缺少玩伴，缺乏与同伴交往的机会。因此，要求家长有意识地创设丰富而适宜的环境，如带幼儿到社区，或去亲戚朋友家与更多的小朋友交往，满足孩子交往的需求，让孩子在与同龄伙伴的交往中，学习协商、谦让、合作等多种社会性技能。家长还要带幼儿参加社会性活动，如聚会、参观、演出等，在众多社会性活动中，给孩子建立明确的生活规范、日常礼节，使其日后能遵守社会规范，拥有自律的生活。

3. 抓住偶发事件，发展幼儿的社会能力

孩子社会能力的形成过程，是幼儿自我心智与社会规范相互作用的过程，也是幼儿根据理解、接纳社会规则而不断进行自我调适的过程。所以在社会行为中，会有许多矛盾冲突的事件发生，如孩子与好朋友争抢玩具、因为找不到好朋友而沮丧、因为小鱼死去而伤心落泪、由于保护自己的好朋友将另一个小朋友打伤了等等，这些偶发事件都说明了孩子有社会发展的需求。但由于孩子的能力尚在发展中，不能恰当地理解和使用规则而倍感困扰。这时，家长一定不要盲目替孩子把问题解决掉，而应和孩子共同讨论解决问题的最好策略，帮助孩子理解、接纳、确立适宜的社会规范，学会解决社会规范性问题的能力，获得移情、利他等社会性技能。

4. 适时协助而不干预

在具体事件的处理中，父母还要为孩子提供宽松、民主的生活环境，首先让孩子自己做，不要过多干预，并适时予以协助、指导。因为社会性行为需要孩子在具体的社会性事件中亲自体验、自我调整，自我建构社会性经验，所以，孩子处于社会性发展的敏感期中，家长应该做到适时协助而不干预。

关注儿童的早期阅读和写字

4～5岁之间，孩子对于阅读的敏感力越来越强，他们逐渐开始理解阅读的含义了。这一时期即是阅读敏感期。这一阶段的进步，主要来自于他们把读和写结合了起来。

在“儿童之家”，一天，当老师在一张白纸上写字，边写边说着“打开窗户”，“到我跟前来”，等等，孩子们注视着她的手，并逐渐认识到，老师正在跟说话一样表达她的思想。他们一认识到这一点，就开始拿起老师写过字的那些纸，把它们带到角落里，试图阅读它们。他们只是默读这些字，并未发出声音来。由于努力思索而紧皱的脸蛋突然露出了一丝笑容，接着孩子们高兴地蹦跳起来，仿佛隐藏在他们体内紧压的弹簧突然放松了。这情景说明，他们已经理解老师所写的这些字了，这就是他们阅读的开始。他们最终进展到能够阅读包含有复杂命令的长句子。但这些孩子似乎只把书写理解成表达自己思想的另一种方式，就像言语本身一样，它成为言语的另一种方式，直接在人与人之间进行交往。

与此同时，这些孩子开始阅读在周围环境中所能发现的印刷体的文字，比如，他们在街上停下来读商店招牌上的文字。很明显，这些孩子更感兴趣的是理解这些字母而不只是认出它们。他们看到的是一种不同的书写文字，并通过一个字的含义而学会阅读。这是一个直觉的过程，就像成人辨认刻在岩石上的史前文字一样。他们在这些符号中所发现的含义就证明他们已经把它们辨认出来了。

如果这时我们匆匆忙忙对这些孩子解释这些印刷符号，我们就可能扼杀他们的兴趣和强烈的探究欲望。过早地强求他们通过阅读书本来识字也会产生一种消极的影响。追求这些并不很重要的东西会削弱他们生气勃勃的心灵的能量。

一天，一位孩子很激动地走到学校里来，在他的手中捏着一张揉皱的纸，他悄悄地对一位同伴说："你猜这张纸上有什么东西。"

"什么也没有，这只是一张破纸。""不，这张纸里有一个故事。"

"上面有一个故事？"这吸引了一群孩子的好奇。

这个孩子拿着这张从一堆废纸中捡起来的书本上散落下来的纸，开始读起来，并整整读了一个故事。

于是，他们理解了一本书的意义，书本成为他们迫切需要的东西。

在整个这段学习时间里，并没有做任何事情去改善孩子的健康，但没有一个人能从他们充满生气的红润的脸上看出，他们曾经是迫切需要食物滋补，以及治疗营养不良和贫血的孩子，他们身体健康，是由于他们接触到新鲜空气和晒太阳而治愈的。如果说心理的压抑会影响新陈代谢，并因此降低了一个人的活力的话，那可以肯定，富有刺激的心理体验能够增加新陈代谢的速度，因而促进一个人的身体健康。

作为父母，在家根据实际情况，可给孩子进行阅读能力的培养和训练，如看图做动作、图片的配对、模型与图片的配对、方向配对、看口型猜字、汽车图标与图片的配对、学习象形字、阅读与绘画、名词盒中的实物模型与文字卡片的配对、动物图卡与名称卡片的配对、转盘游戏、抛文字魔方识汉字、制作教具标签、量词盒中的实物模型与文字卡片的配对、阅读儿歌、活动字卡与图片的配对、阅读句子、生活照片与句卡的配对、完成句子、天气预报、阅读短文、阅读自制图书、阅读谜语等。

在书写敏感期，孩子通常能较快学会字母书写，这是他们最容易也最喜欢掌握的一种本领。

在"儿童之家"，一般是4岁的孩子就对书写产生了强烈兴趣，不过也有3岁半的孩子就开始书写的。从第一次准备练习到第一次写字之间的平均时间，4岁大的孩子是一个月到一个半月；5岁的孩子是大约一个月。但是有一个孩子只用了20天就学会在书写中应用全部字母。4岁的孩子在他们入学两个半月后，就能听写出任何词，并能用钢笔在练习本上书写。"儿童之家"的孩子一般经过3个月后，就能熟练地书写，6个月后，可以和小学三年级学生相比。无疑，书写是一种孩子最容易和最喜欢掌握的本事了。

父母可以为孩子提供相应的练习工具，让孩子进行如下活动，培养其书写能力：描画几何图形嵌板、描摩砂字母板、制作砂纸字母、在沙盘里写字、在黑板上写字、打洞粘贴字母、在字母线上摆字母、缝字母、制作拼音字母表、描画字母凹槽板、连虚线画图案、描摹姓名、涂色游戏、制作立体文字、记录菜单、抄写、制作海报、制作邀请卡、写信、写日记等。

第八章

发展儿童的智力

智力，是一个人各种认知能力的总和，包括观察力、想象力、注意力等。智力因素对人类社会发展的主导作用显而易见，人类取得的几乎所有的辉煌成就，都与人类大脑神经元细胞拥有强大的智力功能密不可分。发展儿童智力的问题，是当今世界的人们都十分关注的课题，对于父母们来说，更是不可不知。

儿童自身拥有无穷智慧

孩子的心灵对于成人来说是一个迷，这是因为成人总是只看表面现象，而不从孩子的内在心理活动来分析。

美国心理学家詹姆斯谈到，从来没人可以感知到一个物体的整个面貌，同时表达了这一见解：每个人因为个人的局限，只能看到一个物体的部分状况，也就是说一个人描述物体，往往是根据自己的感觉和兴趣来考虑的。于是对于同一个物体，人们往往用不同的方式描述。詹姆斯为此找到了一个巧妙的例子，他说："如果你穿着一套新衣服并且感到满意的话，你出门的时候就开始专注地观察别人是否穿着同一款式的衣服。假如你在车流滚滚的公路上这么看，那就极有可能丧命车轮，非常危险。"

我们总是想给孩子看一些成人自认为好的东西，比如演出、色彩艳丽的旗帜，以为这些可以引起孩子的兴趣。殊不知这些吸引是转瞬即逝的，并不能给孩子带来什么好处。打个比方，就像一个人认为另一个人耳朵听不清楚，就大声说话一样。当你费了很大力说话，被那个人听到后，他对你抗议说："喊什么喊？我一点不聋！"

联系到成人身上，我们正在津津有味地看一本书，突然听到窗外传来动听的琴声，就会停止看书，走到窗前，打开窗户看看谁在弹琴。

以成人的思维方式，我们会觉得孩子也会跟我们一样，也会很容易对外界的事物产生兴趣。事实是，只有某种强烈的外在刺激，才可能引起他们的注意，但这与孩子的内心世界没有重要联系。孩子的内心才能真正决定他的发展。孩子全身心地盯着那些被我们成人忽视的不在意的小东西，这种情况可以被看成是孩子心理生活存在的证明。孩子这样盯着一个成人不在意的东西，并不是因为这些小东西留给他了多么深刻的印象，而是被这个小东西吸引，对这个小东西有了一种我们成人难以理解的感情。

我们不该把孩子的每个行为都认为是一时兴起，而应该努力去认识孩子行为背后隐藏的那个原因。如果没有原因，没有动机，他们是不会突然做任何事情的。在这个问题上，成人应该是一个学习者，应该对孩子采取一种全新的态度，增强对他的责任感，而不应像一个专制的法官。

一个有18个月大孩子的妈妈说："我有一本书，叫《小黑人萨博》。萨博是个小黑人，在他生日那天，父母送给他很多东西：帽子、鞋和色彩艳丽的新衣服。在他的父母给他准备晚饭的时候，萨博穿着他的新衣服悄悄地溜出了家。家后面是一片树林，当他走进这片树林的时候，发现树林里有很多小动物。他看看小动物，把自己身上的东西都送给了它们，最后自己光着身子，哭着回了家。这个故事的结局是愉快的，他的父母原谅了他，最后他们一起享受了晚餐。"

后来妈妈把这本书讲给她的孩子听，但是这个小孩一直说："不，Lola！"小孩说这句话是什么意思呢？妈妈很疑惑。原来Lola是个保姆的名字，她照看过这个孩子一段时间。后来这个孩子哭了起来，而且喊"Lola"的声音越来越大。妈妈更是不知所措了。孩子指着那本书最后一幅画，画面画着可怜的小黑人萨博正在哭。这时候，妈妈才明白，原来他把西班牙语的“llora”（他在哭）发错了音，说成了“Lola”，妈妈还以为他一直在喊保姆的名字呢。

其实孩子的表现是正常的，在他看来，这本书的结局并不像妈妈说的那样愉快，孩子的妈妈却没有意识到，因此，妈妈说“故事的结局是愉快的时候”，小男孩提出了抗议。很明显，这个敏感的孩子在看书的时候比妈妈更仔细，虽然他不能完全理解妈妈那样讲故事的原因，但是他准确的观察力确实令人惊讶！

由于我们不关注细枝末节，他们会觉得大人们总是这么迟钝和无能。时间一长，他们也许就不信任我们，就像我们有时候不信任他们一样。孩子和成人的思维方式不同，这也是孩子和成人不能相互理解的原因所在。

从儿童成长过程中的各种行为中我们发现，儿童智慧的发展过程并不像机械分析心理学家所认为的那样，儿童的智慧是在外在条件催化下慢慢发展起来的。机械分析心理学家认为，所谓智慧，是我们通过自身的感官，从环境中获取外部物体的印象，然后这些印象会保留在我们的记忆里，变得有条有理，并逐渐形成我们所说的智慧。他们认为儿童听凭环境的影响，在心理上只能被动接受，也就是说，儿童的智商是完全被外部环境控制的。还有些人则认为，儿童的被动不仅体现在智慧上，而且也没有自己的思想，像一只空瓶子，可以被随便填满。

在目前的一些教育学者看来：对孩子的教育，不仅要重视环境对儿童智慧发展的影响，更要着重强调孩子内在的敏感性。孩子从出生到5岁多的时间内存在着一个敏感期。这段时间是儿童积极观察环境的人生阶段，他们能以我们成人无法想象的方式，通过感官来感知外部世界。作为一个积极的观察者，儿童是根据一种自身内在冲动的需要，以某种感觉或者特殊的兴趣来挑选他的感官对象的，从而有选择地获取体验。也就是说，他不会像照镜子一样全盘接受外部世界，而是通过各种感官去接受或感知周围的一切。

关于这一点，我想起一个特别有趣的例子：

一天，家里的保姆抱着只有 1 个月大的婴儿到叔叔的房间。婴儿看到他的爸爸和叔叔在这个房间里说话，这两个人身高差不多，年纪也差不多。这个时候婴儿忽然哭闹起来。原来婴儿从出生到现在从未被带出过出生的房屋，当他看见两个类似的人同时出现在一个屋子里的时候，便害怕起来。后来我们建议他们在婴儿的视线范围内分开，一个在右边，一个在左边。结果，这个婴儿看着其中一个，凝视了他一会儿，突然呵呵地笑起来了。但随后他又变得很焦虑，他马上端详另一个人，看了一会儿，他也对那个人笑了。他看来看去，表情一会儿焦虑，一会儿高兴，直到他终于认识到这两个人不是同一个人为止。其实在这个婴儿的记忆里，他分别见过这两个男人，他们各自在不同的场合与婴儿玩耍过。最后，这个婴儿终于意识到，在屋子里有一个不同于他的母亲和保姆的人，而他认为只有一个男人的时候，突然同时看到了两个男人在一起，他的思维一下子又接受不了了，所以又恐慌起来。虽然出生还不到 1 个月，但在他努力仔细辨认两个熟悉又陌生的男人的过程中，却感觉到了人类自身的理性其实有时候是不可靠的。在孩子的这种状况下，作为成人，我们应该意识到并积极主动地去帮助孩子。这样的帮助将使婴儿走出最初艰难的一步，并开始思考，以便获得更多的体验。

那么，或许有人会问，到底是什么能让孩子们在无数的外界事物中挑选出自己感兴趣的事物呢？他们选择某种体验的特殊兴趣又是什么呢？事实上，孩子生下来的时候是一无所知的，是靠自身的力量不断来认知周围的事物的。那种所谓特殊兴趣的形成缘于他们在敏感期中的某种理性，这种理性会不断靠外界环境去获取印象，并创造性地发展下去。

这种理性给儿童提供了成长的动力和能量。反过来，各种被汲取的印象在大脑中被整理排列起来，为理性服务，并完善理性。

让自然给予儿童成长的灵感

在孩子快2岁的时候，大自然会引导他们的智慧，把孩子的天性发挥出来，使他不断获得新知，不断进步，直到他充分理解周围环境中的东西。

一天，当我走进一所“儿童之家”时，五六个小家伙静静地围在我身边，开始轻轻地抚摸我的双手和衣服，说道：“它是光滑的。”“它是柔软的。”“这是粗糙的。”其他几个小朋友也走过来，像他们一样触摸我，并认真而严肃地重复同样的话。教师想进来让他们放开我，但我示意她别吱声。我站着不动，默不作声，欣赏我的孩子们这种自发的智力活动。

一天，一个小男孩选择彩色铅笔给树的轮廓涂颜色，这个练习是我们绘画练习中的一项。他把树干涂成了红色。教师想干预，说道：“你觉得树干是红色的吗？”我阻止了她，并让孩子继续把树涂成红色。这幅画对我们而言很宝贵，它表明了儿童还没有成为周围环境的观察者。我的解决方法是，鼓励这个儿童多做色彩感觉的游戏，以增强对色彩的认识。这个儿童每天和其他孩子一起进入花园，在那里他随时都能看见树干。色彩感觉练习使这个儿童能自发地注意到周围的颜色，那么在某一快乐的时刻，正像刚才那个在玩耍时发现天空是蓝色的孩子一样，他也会发现树干不是红色的。事实上，这位教师还继续让那个孩子涂树的轮廓。有一天，他选了一枝棕色铅笔来涂树干，还把树枝和叶子涂成绿色。后来，他把树枝涂成棕色，只把叶子涂成绿色。

于是我们发现儿童在智力上获得了发展。我们要把儿童培养成观察者，就不能直接说“观察吧”，而只能依赖于教给他们观察的能力和方法。科学教育法最大的成功就在于促进儿童的自然发展。

人类是生物中的一种，因此也是自然的一部分，但社会生活才是人类特有的工作，而社会生活也必须符合人类自然活动的表现。

但是，我们为了培养儿童适应社会生活所做的准备大部分对儿童都没有实际作用，因为我们忽略了儿童在生命之初是有着显著生长力的生物方面的因素。

为了缓和教育中的这个过渡期，针对儿童的教育工作大部分必须顺其自然，不要突然强制地把儿童从他的母亲身边抢走并送进学校。正是考虑到这点，“儿童之家”坐落在父母居住的公寓，在那里母亲可以听见孩子的哭喊并做出回应。

现在，儿童教育在卫生保健方面得到了较大的改善。儿童可以在户外和公园中玩，或者可以在海边待上几个小时，半裸着享受阳光。激励孩子最好的方式是让孩子沉浸在自然中，儿童穿短而舒服的衣服、凉鞋，手足露在外面，这些都是儿童从文明压制的束缚中解放出来的表现。

这是一条显而易见的原则：我们在教育中应当牺牲天赋的自由，这是我们从文明中获得更大快乐的必要条件，但不能做无谓的牺牲。但是，在现代儿童教育的整个进程中，我们还未从否定儿童精神表达和精神需求的偏见中解放出来，而仅仅把儿童看成是可爱的生长体，他们需要成人的照顾、亲吻，需要成人帮助他们活动。而一个好母亲或一个优秀的现代教师现在给予了孩子这样的教育，例如，让孩子在花园里四处跑动，劝告孩子不要摘花朵或乱踩草坪。似乎让孩子活动双腿和呼吸新鲜空气就足以满足他的生理需求。

如果让儿童暴露在自然活力之下是物质生活不可缺少的一部分，那么把儿童的精神和创造力联系起来对于精神生活来说也是必须的，儿童可以从自然直接的教育力量中获取财富并把它储藏起来。达到这个目标的方法就是让儿童从事农业劳动，指导他培育动植物，从而让他理解自然并思索自然。

英格兰的莱特夫人早已把园林学和园艺学作为儿童教育方法的基础。在思索生命发展的过程中，她领悟到宗教是生命发展的基础，儿童的心灵可以从上帝所造物的心灵通往上帝的心灵。她还在思索的过程中找到了智力教育的新起点，她把智力教育界定为从生活迈向艺术的第一步。她把智力教育限定为知晓农业中出现的有关植物、昆虫和季节的概念，以及家庭生活的基本概念，这种基本概念源于耕种和烹调特定食物的准备工作，之后是儿童把食物端上桌子的动作，最后还可能是清洗厨房用具和餐具的活动。莱特夫人的理念是片面的，但是她的方法仍然流行于英国，毫无疑问完善了到目前为止仅限于身体方面的自然教育，这种自然教育已经有效地强壮了英国儿童的身体。此外，她的经验直接证实了对幼儿进行农业教育的可行性。

我参观过巴黎针对缺陷儿童的特殊教育，其中大规模应用了农业教育。教育方法是根据巴切利努力尝试在初等学校建立“教育小菜园”的精神制定的。儿童在每个小菜园里种上各种不同的农作物，在实践中学习播种和收割的正确方法和合适时间、各种植物的生长期、翻耕的方式、如何施绿肥和化学肥料等等。培育观赏性植物和园艺也是如此，这样的工作使缺陷儿童受益匪浅，他们正处于实践一种职业的年龄。

尽管这种教育首先包含了智育的客观方法，另外还提供了职业准备，但我认为在儿童教育中不必对后者考虑太多，这个年龄阶段的教育理念应该完全以促进个体身心的发展为主。事实上，较之莱特夫人进行的道德教育，农作物和动物培育中自身包含的有关道德教育的宝贵方法更值得进一步分析。莱特夫人在农业教育中找到了一种把儿童心灵引入宗教感情的方法，事实上，这个不断进步和推进的方法可以划分为若干个等级，我在这里说一下几个主要的部分。

第一，引导儿童观察生命现象。儿童对动植物采取的态度，同细心的教师对他所采取的态度是一致的。慢慢地，随着兴趣的增长和观察的深入，他也越来越关心这些生物，这样从逻辑上来说，儿童就会感激母亲和教师对他的照顾。

第二，引导儿童通过自我教育形成预见。当儿童知道种下的植物需要他细心地浇灌，弱小动物的生命依靠他勤快地喂养，否则它们会枯萎、会饿死，这时儿童就会变得谨慎，开始感受到生活的使命和对生命的责任。再者，不同于母亲和教师要求他履行职责的声音，这是依赖他的照顾而活下去的那些需要帮助的生命的哀鸣，告诫他永远不要忘记自己所承担的责任。儿童和他培育的生物之间产生一种神秘的感应，它敦促儿童在教师不干涉的情况下也能完成某些明确的行为，这种神秘感应引导着儿童实现自我教育。

孩子们所得到的收获也存留于他和自然之间。在长时间耐心地喂养孵蛋的鸽子食物和麦秆之后，美好的一天来临了，小鸽子出生了！他们看见一群小鸡从昨晚还在孵蛋窝里一动不动卧着的母鸡身下探出脑袋！之前兔窝里只住着一对大兔子，孩子们经常把母亲厨房里剩下的绿色蔬菜喂给它们吃，有一天他看见窝里出现了柔软的小兔子！

我还没有能力在罗马制定饲养动物的法律，但是米兰的“儿童之家”有很多动物，其中有一对漂亮的美国小白鸡，它们住在小巧而精致的类似中国宝塔结构的鸡舍里。鸡舍前是一小块用篱笆围起来的供小鸡玩耍的空地。农舍的门晚上要锁起来，孩子们轮流负责。每天早上他们高高兴兴地去开门，为小鸡送水和麦秆，白天他们非常细心地观察它们，晚上锁门前再确认它们一只也不少。教师告诉我这是最受欢迎的一个教育练习，同时似乎也是最重要的一个。很多次当孩子们安静地忙于工作，每个人从事他们喜欢的工作时，一两个或三个孩子会突然安静地站起来，出去看看动物们是否需要照顾。这样的事情经常发生：一个孩子出去了很久，最后教师惊奇地发现他正着迷地看着泉水里游动的鱼，鱼儿在太阳下泛着灿烂的光芒。

一天我收到了米兰一位教师的信件，她在信里激动地告诉我一条好消息：小鸽子孵出来了。对于孩子们来说，这真是个盛大的节日。他们觉得从某种程度上来说，自己是这些小鸽子的父母，而满足他们虚荣心的虚假奖赏是不会激起这样真正美好的情感的。种菜获得的快乐也很多。罗马的一所“儿童之家”没有可供开垦的土地，只有塔拉莫先生准备的花盆摆满了整个阳台，还有靠墙的爬藤植物，孩子们从不忘记用他们的小洒水壶给这些植物浇水。

一天，我发现他们在地上坐成一圈，围着昨晚开放的一朵漂亮的红玫瑰，他们沉默而安静，完全陷入无声的沉思中。

第三，培养儿童对自然的感情。自然以其神奇造化之力培育着这种情感。自然赐予劳动者慷慨的回报，这种回报不是以劳动的多少为标准，不管是谁，只要为自然生命的发展付出了劳动，都会有收获。

甚至在工作的时候，儿童的心灵和在他精心照料之下成长的生命之间产生了一种一致性。儿童天生喜欢动物：莱特夫人告诉我们儿童甚至喜欢蚯蚓和粪蛆的蠕动和爬行，他们一点儿也不害怕，但是脱离自然的我们这些成人却害怕某些动物。因而应当发展这种对生物的信任和信心之情，这种感情是爱的一种形式，是人类与宇宙融合的一种形式。

但是，最能培养儿童对自然感情的是栽培植物，因为植物在其自然成长的过程中，给予人们的比索取的更多，它们不断展示美和多样性。当儿童栽培了蝴蝶花或三色堇、玫瑰或风信子之后，他们知道种花时得在泥土里埋入种子或鳞茎，然后定时浇水；或者当儿童种下结果实的灌木后，盛开的花朵和成熟的果实就是自然赐予他们的慷慨礼物，一个小小努力就换来丰厚的回报。大自然似乎是以它的礼物回报栽培者的期望之心和关爱之心，而不计较等价回报他的体力劳动。

当儿童不得不采摘自己劳动的物质果实时，情况会很不同：果实不会动，而且长得一模一样，它们只用于消费分配，而不能增加积累。农产品和工业产品、天然产品和人工产品的差别就像是一个确凿无疑的事实，儿童必然会在内心自发地意识到这种差别。但同时，就如同果树必须结果一样，人类必须付出劳动。

第四，培养儿童耐心、自信的美德。这种美德是信仰和生命哲学的一种形式。当孩子们在地里播下一粒种子时，当他们看见植物刚刚萌芽时，当他们等待植物生长变化并开花结果时，当孩子们观察到一些植物发芽早而另一些植物发芽晚时，当他们发现落叶植物长得快而果树长得慢时，他们最终获得了一种心理上的平静，他们在还保留着淳朴天真的时候吸收了农民特有的智慧。

培养儿童稳定的注意力

注意力是一把帮助孩子认知周围世界的钥匙，有了它，孩子才能把精力始终保持在自己要学习的东西上，从而学习到很多有用的知识。

对某一事物有选择地集中的现象被心理学家称为“注意”，这种能力则被称为“注意力”。从历史记载的资料中可以发现，尽管那些天才们各有自己的专长，但他们都有着超常的注意力。比如大科学家牛顿。有一天，一位朋友来看望他，和他一起进餐。饭菜都已经摆在桌子上了，牛顿却还没从书房里出来。这位朋友已经习惯了牛顿的怪作风，就独自吃了起来。他吃完了那盘烤鸡，想和牛顿开个玩笑，就把所有的鸡骨头都放回盘子里，然后盖上盖子就离开了。几个小时后，牛顿从书房里出来，感到肚子饿了，于是揭开盖子，当他看到盘子里的骨头时，吓了一跳，自言自语道：“我还以为自己没吃饭呢，又弄错了！”说完，他又回到书房里继续工作了，这件事说明牛顿把注意力都放在了工作上，从而忽略了其他事情，再比如物理学家伏特。有一次他的妻子发高烧，当时有一种很流行的方法：拿带皮的青蛙煮的汤给病人喝，于是伏特就把一只青蛙挂在窗外，后来他发现挂在窗户铁棒上的死青蛙的腮正在不断地收缩着，这时，伏特做出推论——肯定是有外力在作用于它。正是因为伏特有着超常的注意力，才发现死肌肉在不断地收缩。为了找到这种外力，伏特通过很多的实验，终于在地磁场中得到了电。

天才人物所具有的这种注意力，是很难被培养出来的，不管这位老师的教学能力有多么高超、教学艺术有多么巧妙。

有人认为孩子的内心有着一种天生的力量，通过它就可以打开注意力的大门。如果这一观点正确的话，那么我们又应该如何唤醒孩子内心的这种力量，从而打开注意力的大门呢？从逻辑上来看，要想唤醒这种力量，父母必须为孩子提供适应其心理需求的环境和物质基础，并最大限度地尊重他们自由发展的天性。

长时间以来，教育学家都认可这种说法：注意力不集中是三四岁孩子共有的特征。也就是说，在这个阶段里，孩子对每件东西都感兴趣，一会儿看看这，一会儿看看那，很难把注意力集中到一个物品上。教育学家威廉·詹姆士说："我们大人都知道，孩子们的注意力变化得非常快，这点在我们给他们上的第一节课上就可以清楚地看出来，因为在课堂上他们把一切都弄得乱七八糟。注意力的易变性和孩子注意力的被动性，两者导致的结果是孩子很难在一件物品上集中注意力，而这一特点则会增加父母和老师的教育难度。而当孩子从难以集中注意力到逐渐开始注意的过程中，他们会逐渐形成自己的判断力、性格和意志，促使这个过程的转变是最重要的，父母和教师要为这个过程创造条件。"

由此看来，如果父母对孩子的注意力不集中的行为不加以管教，使其注意力不断变化，那么孩子永远也不可能集中注意力。然而，事实却并非如此。实验发现，孩子的注意力并不是可以由父母或老师人为保持的，而是受某个固定的、能够引起注意的、让他产生兴趣的事物所吸引的。

从孩子们吃奶时的表情上我们可以看出他在高度集中自己的注意力。在婴儿吃奶的过程中，不管周围发生什么事，他始终专心致志地吮吸着奶头，直到吃饱为止。虽然这个时候，他们没有明确的目标，但是他们对吃奶感兴趣，吃奶这个最基本的外在刺激最终使他的注意力高度集中。

在日常生活中，我们发现，一个仅仅 3 岁的孩子在一天里可以连续不停重复同一个动作，即便他周围很多人在做其他的事情：有的人在跳舞，有的人在画画，有的人在聊天……但是无论周围人们干什么，都影响不到他，他仍然保持自己高度集中的注意力。

通过对孩子注意力进行研究中发现，想让孩子一直保持注意力高度集中的状态，一个最主要的条件就是不要干涉他们的行为，让孩子们自由发挥出自己的原有状态。实际上，许多教育家都是这样做的。

需要指出的是，在给孩子自由的同时，我们还要给他们提供一些能够引起他们关注的东西。在培养孩子注意力的时候，应该从他们最感兴趣或者最需要的事情入手，而不是一味地强迫他们接受自己不感兴趣的东西。当孩子能够自由地选择自己感兴趣的东西，并在这些东西上保持高度注意力的时候，他就能明显感受到一种快乐。

反之，如果孩子对这个事物没有兴趣，这个事物就不能引起孩子的注意力，那么它不仅无法让孩子保持注意力，还会造成他生理上的疲乏，甚至伤害他的眼、耳等器官。

可是，一些教育家却很反对这一观点，他们认为，注意力是孩子必需的一种品质，这是生活对他们提出的要求，不管他们喜欢不喜欢，他们必须全部接受。教育家的这些做法让我想起学校里的一个学生来。一个小男孩在吃午饭的时候由于不喜欢妈妈做的菜，他就没有吃。父亲要求他一定吃掉那道被他拒绝的菜，他还是没有吃，父亲就罚他一天不准吃饭。后来这道菜已经变凉了，孩子饿得实在不行了，最后只好向父亲屈从了。这个时候，这位父亲理直气壮地说："看，我的儿子什么都能吃，他是个好孩子。"

试想一下，被教育家和父母用这样的方式教育出来的孩子怎样去应对自己未来的生活呢？在这种环境下成长的儿童由于许多愿望没有满足，内心极为压抑，他会把满足这些欲望当成是一种最大的自由和快乐，一旦长大成人，就会变得毫无节制。

值得注意的是，在这个过程当中，孩子的身体也要做好相应的准备。当外部刺激发生作用的时候，孩子的大脑神经中枢就会通过其内部程序开始启动。这就好像在开启一扇大门：一方面要靠外部的力量去敲门，而另一方面则要靠内部的力量将门打开。如果内部的力量不把门打开，外部的刺激力量再强也是徒劳的。这就好像当一个人专心工作的时候，无论大街上乐队的演奏多么嘈杂，他也能做到充耳不闻一样。

想象力创造奇迹

每个儿童的手中的都握着通向各种境遇的钥匙，可以运用自身的想象力创造任何奇迹。

想象力是推动人类文明进步的关键点，是人们探索新领域的触角，是从已知走向未知的桥梁。因为有了想象力，我们才能创造发明，发现新的事物与定理；如果没有想象力，我们人类将不会有任何的发展与进步。

有人曾做过这样一个测验，给我们的幼儿、小学生、中学生分别看“O”这个图形，问：“这是什么？”结果大多数中学生说是“零”或英文字母“O”；小学生中也有相当一部分人这么回答，另一部分小学生则回答是个“面包圈”、“眼镜片”；而幼儿园的小朋友却说了许多成人、中学生、小学生根本没有想到的东西——“眼泪”、“肚脐眼”、“围棋”、“表”等等，让我们不得不惊叹于他们的想象力。

仔细思考后，这个测验会不由地让人发问：难道想象力会随着年龄递减吗？为什么年龄越大的孩子，想象力越贫乏呢？这是成长的必然结果，还是教育的失误呢？

其实，年龄、学识并非扼杀想象力的“凶手”，那些伟人、奇人不但知识渊博，也同样想象力丰富，因为他们学习知识，却保留着对知识的质疑，相信一定有更多超越已有知识的空间，于是想象力因为知识而变得更加有力、有方向；而孩子的想象力却有可能被“知识”绑住了，因为成人让他们过于相信知识，因为我们忽视了孩子的想象，于是原本想象丰富的孩子变得不会再去想象了。

想象力是建立在现实基础上的，一个人的感知能力和他的观察能力有着密切的联系，因此，要培养孩子的想象力，首先就应该为他们准备可以促使其准确观察周围事物所需要的材料。其次，要想为他们的想象力奠定一个坚实的基础，我们还应该让他们在界定严格的范围内进行推论，使他们可以将不同事物区分开来。这个基础打得越坚实，孩子想象力的发展空间也就越大。

然而很多大人认为，只要孩子能够把虚幻当作现实，他们的想象力就可以得到发展。事实上，值得提醒的一点是，虚幻是虚幻，它与现实有着很大的差别。

有些人总是沉醉在幻想中，把假象的东西当做真实的存在，总是追求幻想，而拒绝承认现实，在生活中这种现象是普遍存在的。让人担心的是，很多人居然没有意识到这一点。事实上，不论想象力建立的基础是否坚实，是否有建筑想象力的材料，想象力总是存在的。空想和想象力的差别就在于，空想并不是建立在现实和真理的基础上的，它有可能抑制智力的发展，阻止孩子探索事实的真相。

在说拉丁语的国家里，成年人经常这样对孩子讲述关于圣诞节的故事：有一个丑女人，她总是在圣诞节的前一夜翻墙进入别人的家里，然后从烟囱钻进屋子里，把小礼物送给那些听父母话的孩子们，而那些调皮不听话的孩子只能得到小石头块。

在盎格鲁萨克逊这个国家，成年人又这样讲圣诞节的故事：在圣诞节的前一夜，一位穿着雪白衣服留着长长白胡子的老人挎着一只装满玩具的大篮子钻进孩子们的房间，然后把这些玩具分发给熟睡的孩子们。这种方法怎么能够培养孩子的想象力呢？

故事里所表现的仅仅是成年人的想象力，而不是孩子的，这个时候，孩子们并没有想象。殊不知成年人的这种做法是在人为地阻止孩子的发展。

美国心理学家福禄贝尔设计过这样一个游戏。他将一块积木给孩子，并告诉他："你把这个积木当成一匹马。"然后他将积木按照一定的次序摆放好，又对孩子说："这个是马厩，现在把马圈在马厩里。"或者他把这些积木重新组合，组合好了以后对这个孩子说："这是一座高楼，这是一个乡间小屋……"在这些练习中使用的是积木，而把积木当成马、高楼和小屋很容易让孩子的头脑混乱。更加严重的是，在这种情况下，真正进行创造的是老师，而不是孩子，孩子只是在按照教师的提示来做事情。因此在培养孩子想象力的时候，大人绝不能阻止他们的自发活动，大人要做的只是等待，除此之外，别的什么都不要去做。

可以说，想象力丰富是儿童的最大特点，所以我们要采取一些特殊的教育方法来开掘他们的这种天赋。除此之外，还有人认为，孩子们喜欢那些超自然的、迷人的东西，喜欢在虚无缥缈的世界遨游，就像原始人一样，这种状态令很多家长担心。而实际上，孩子的这种状态只是暂时的，很快就会被其他的状态所代替，而我们要做的是，帮助他们克服这种虚无的状态，尽快从这种状态中走出来。

研究发现，儿童身上有一些与原始人相类似的特点，比如孩子的语言表达能力不是很好，只能说一些像“爸爸”、“妈妈”简单的词语，而且他们的用词也非常笼统，一个词语往往表达好几种意思。但这种状态是正常的，大人不能人为地加以限制，或者有意提高速度，以尽可能快地度过这个状态。

通常，孩子不会永远停留在虚幻的世界里。随着时间的递进，渐渐地，他们会对艺术品产生兴趣，会对科技发明津津乐道，会沉浸在想象力丰富的作品中，我们要为孩子的聪明才智提供这些条件。在智力发展的朦胧期里，儿童被一些奇妙的事物所吸引是很正常的事，对此我们应该理解，而不应该对孩子想象力的发展给予过多的限制。

我们都知道，婴儿大脑的一项重要活动就是进行创造。关于这一点，我们从日常生活中他所表现出的行为就可以看出来。举例来说，一群孩子正在用椅子建造一辆扶手齐全的“四轮豪华马车”，在建造马车的过程中，他们心情很愉快。马车建成以后，这些孩子就会坐在马车上，高兴地欣赏着自己所虚构的马车窗外的风景，甚至还会身临其境地向经过马车旁边的人挥手致敬。

这就是孩子的想象力起的作用。那么，到底该如何培养孩子的想象力呢？

1. **允许孩子“奇思妙想”**

孩子虽然没有成人那么多的知识经验，但却可能更富有想象力，因为他们更少固定的“答案”与“思维模式”。想象力成长所需要的土壤是宽容的、放松的、自由的与多样的。因此，如果孩子对一个你早已认为不是问题的问题思考时，请允许他的“奇思妙想”。例如：妈妈正在做饭，5岁的小女儿坐在小凳子上看着。女儿忽然提了一个问题：“星星是从哪儿来的？”

妈妈没有急于回答，而是说：“你想想看”。

女儿出神地注视着母亲揉面的动作。母亲揉面，揪面团，擀面饼，包包子……

看了好一阵子，女儿突然说：“我知道星星是怎么做出来的了，是用做月亮剩下的东西做的。”

妈妈听了先是愣了一下，然后特别激动地亲吻了自己的女儿：“宝贝，你的想象真奇特。”

爸爸听了这件事以后也非常高兴，拉过女儿给她讲神话故事……

但在现实生活中，孩子的“奇思妙想”常常会遭到成人的打击——“星星本来就有的，有什么好想的，快点背书吧！”、“你就会想这些乱七八糟的东西，老师讲的却什么也不知道。”、“你去看看书上怎么写的！”

我们成人在不知不觉中将孩子引入一个不需要想象，只需要记忆的世界，最终，这些孩子也变得和我们大多数人一样，只会重复前人的知识与技能，不会突破与创造。所以，如果你认为想象力是非常重要的，那么就留意生活中的点点滴滴，留意你对孩子“奇思妙想”的反应。

2. 为孩子创造好的环境，促使孩子发挥想象

在人们的印象中，学校是一个没有乐趣、死气沉沉的地方。为了让学生专心致志地听讲，避免因为外在的刺激而分散学生的注意力，学校就把教室的墙壁染成灰白色的，窗帘也是用白色的面料制成的，这种环境使学生们很压抑。在这种环境下，孩子们整天呆坐在教室里，一动不动地听老师讲课。他们做什么事情都遵从别人的指令，对自己的评价也是被动服从，教师说自己是好孩子，他们就认为自己是个好孩子。正像克拉伯雷迪说的那样：“我们的教育家总是用一大堆对孩子根本就没有指导意义的知识来压迫他们听老师讲课；当孩子们会感觉无话可说的时候，我们还要强迫他们回答老师提出的问题；当孩子对眼前的事物不感兴趣了，我们还要强迫他们认真完成；当孩子已经没有发现的欲望的时候，我们还要强迫他们认真观察，仔细推理。我们总是强迫孩子做这做那，却从没想过要征询他们的意见。”

这种教育环境造成的结果就是：孩子们会感觉上课就像是受苦役一样，用眼睛看，用耳朵听，用嘴读，用手写字，他们坐在教室里一动不动，但他们的脑子根本就没有在思考。他们不得不跟着教师的思路转，尽管老师的教学大纲很随意。教师在黑板上画了一个三角形，然后再把它擦掉，而那些以前没有见过三角形物体的孩子必须在短时间内记住三角形的形状。在这之后，教师就会围绕着这个三角形进行抽象计算的讲解。想一下，这样的教育不仅不会给孩子带来任何灵感，反而还会阻碍孩子想象力的发挥，增加孩子的疲劳感。

3. 留给孩子想象的“空间”

在生活中有许多相对孩子而“博学”的成人，很多时候，只要孩

子问，成人就会赶快回答，生怕破坏了孩子的“求知欲”，生怕被孩子“看扁了”，结果孩子习惯于得到一个“标准答案”，而懒得去思考，更不要说去想象了。

有个幼儿园中班上一节关于“云”的课，老师有着明确的目标，就是让孩子认识云、了解云的形成。上课了，老师向小朋友们展现画着云的图，然后问小朋友：“这是什么?”

小朋友说：“是波浪”；

老师说：“再看看。”

又有小朋友说，“是烟。”

老师继续鼓励：“再仔细看看，想想，这到底是什么?”

终于有小朋友说：“是云。”

老师欣喜地夸赞：“对了，是云！今天我们要学习的就是‘云’。”

……

不去管老师最终是不是达到了预定的教学目标，单就这一段“启发式”的问答，我们看到了什么呢？看到了对一个固定答案的追求。虽然老师在尝试用“启发”与“参与”的方式让孩子来学习，但实际上，孩子仍然在老师的控制下，在一个答案的控制下。老师对前面两个小朋友虽然没有做出直接的否定，但“再看看”的启发其实就是对孩子“波浪”或者“烟”回答的否定。年幼的孩子是很依赖别人对他的评价的，久而久之，孩子就只会说老师需要的答案了，或者如果不知道标准答案干脆就不说、不想了。

而实际上，“波浪”、“烟”的回答错了吗？难道“云”不可以像“波浪”、“烟”吗？如果老师对前面两个小朋友表示肯定：“很好！还有吗?”可能会有更多的小朋友说出奇奇怪怪的“东西”来，而老师这个时候则可以得意地告诉大家：“你们说得都很棒，它好像是任何的东西，那它到底是什么呢？怎么本领这么大，一会儿是这个，一会儿是那个。原来它是云，一片什么都像的云！”这样是不是也可以完成教学目标，同时又给了孩子想象的空间，最重要的是鼓励、肯定了孩子的想象力。孩子们将在彼此的想象激励下非常喜欢“云”，而且会在以后的日子里对云有更多的关注与想象。

再举一例，看看维护孩子想象力的父母是怎么做的：

一个折纸游戏中，孩子学会折小兔子后，把小兔子贴在了纸上。这时妈妈问：“小兔子生活在哪里啊？”

孩子就给小兔子画了一个漂亮的房子，还有绿草地、美丽的小花。接着妈妈又问：“你知道小兔子吃什么东西吗？”

“它最喜欢吃萝卜，我得给它画些萝卜！”孩子高兴地继续做着。

“你觉得小兔子还需要什么呢？”

“还需要朋友、妈妈、爸爸、玩具……”

孩子开始设计出越来越多的东西。原本只贴了一只小兔的白纸，现在不但有了漂亮的房子、绿色的草地、美丽的鲜花、可口的萝卜，还有在跑步的小乌龟，另一只穿着裙子的小兔，大大的蘑菇，飞翔的小鸟，高高的太阳，弯弯的小溪，别提有多热闹了。

这不正是训练孩子想象力的好办法吗？爸爸妈妈和孩子一起玩，一定要克制自己的“聪明”，尽可能保证孩子是游戏的“主人”，这样才能给孩子发挥自己的想象力留下足够的空间，而孩子也可以在自己的想象中玩得更尽兴、更自主、更活跃。

4. 向孩子提出“想象”的问题

“1+1=?”“‘树’的英文怎么读?”“你们班里哪个小朋友最听话?”“今天老师讲了一个什么故事?”“看，这有几个苹果?”……生活中充满了问题，我们成人也向孩子提出了无数的问题。可很多的时候，我们只是一味地提着“封闭式”的问题，这样的问题答案几乎只有一个，孩子只会给出一种回答。孩子不过是重复知识的工具，问题也不过是我们检验孩子学习的手段，哪里允许孩子去想象呢？试想如果孩子说：“1 + 1 = 3”，你会不会非常生气或者失望呢？

而激发孩子想象力的问题，恰恰是那些“开放式”的问题，是允许孩子自由发挥的问题，比如：

爸爸陪孩子在看有关飞机的图书时，这样问孩子：“你能想象未来的飞机是什么样的吗？如果让你造一架飞机，你会怎么造呢？会造出怎样的飞机呢？”

孩子在思考和回答的过程中，定然会充分地发挥其想象力。

父母经常给孩子提一些“开放式”的问题，让孩子用多种答案来回答问题，不但可以启发孩子的想象力，更能激发孩子的求知欲。关键是，当孩子对“开放式”的问题作出回答的时候，千万不要操之过急地去打断或者“更正”。

对儿童的意志力进行不懈的训练

意志的表现形式是完整的行动，培养儿童的意志力，关键在于培养他们的执行力和行动力。

一个人的行动是冲动和抑制两种力量相互抗衡的结果，比如一天我们一时兴起想去看望某个亲戚，但是忽然想到在这之前我们并没有和他预约，如果就这样去，很可能打扰他的正常安排，因此我们就会放弃去看望他的冲动；当你正舒适地坐在家里看电视的时候，家里忽然来了客人，你就会有礼貌地热情招待他们，为他们沏茶倒水……这一切都是这两种力量抗衡的结果。

在这两种力量的相互作用下，行为不断重复着，从而形成我们的习惯。而一旦有了这种习惯，我们在做决定的时候就不那么困难了，而且也不需要用推理或知识去完成。它几乎成了一种习惯性的动作，可是这种习惯并非本能，而是在我们后天的生活中逐渐养成的。

在现实生活中，有些人并不能在冲动和抑制之间找到平衡，这也是多年来心理学家们一直在探讨的问题。冲动是生命的一种特殊本性，与生俱来，是蕴藏在人类基因中的一笔财富。如果没有一定的冲动做后盾，我们的祖先就不可能在恶劣的外部环境下寻求发展。

但是有时候冲动会让人做出伤害他人的行为，现在因冲动而导致暴力行为的事件已经成为不可忽视的一大社会问题。冲动，不仅会使人草率鲁莽、不计后果、急于求成，而且会使正常人为做出的行为感到后悔！大多数情况下，冲动会给人带来很大的害处，严重的会影响到自己的未来发展。

毋庸置疑，冲动有一定的危害，我们要适当地抑制，但是抑制过度的人更为不幸。一个穷小伙子喜欢一个富家女，他清楚自己的实际情况，觉得凭借自己家的经济条件无论如何也配不上这个富家女，于是就把这种感情压抑在心里。虽然这个小伙子表面上看起来很平静，但是心里却充满着强烈的渴望。这种渴望一次又一次地折磨他，使他产生一种压抑的感觉。

这样的人本来可以有很多机会向女孩表达自己的真情实感，可他们却总是心扉紧闭，沉默不言；他们本来一生之中可以有很多机会来展现自己的才能，可他们却沉浸在痛苦中，什么也没有做；他们本来可以找个人，向他倾诉自己的苦恼，寻求指导，可当他们面对自己所尊敬的人时，却一句话也说不出来。尽管在他们的意识深处，内心的冲动不停地督促他们说出来，但他们却一直在抑制，就好像有什么无法抵抗的力量堵住了他们的嘴一样。

一个人如果想要使内心的冲动和抑制达到平衡，使性格得到健康成长，并在工作中始终坚持不懈，那么他必须培养强大的意志力，这种力量也必将给自己未来的生活带来幸福。从这个意义上说，教育工作者要做的是培养孩子具有坚忍不拔的品质，只要孩子能做到坚持不懈，不管他从事哪一方面的工作，都能做得很好。

儿童是一个小生命，身心各项数据的发展还不平衡，有时候他们很容易冲动，但有时候又能很抑制自己。对它们来说，冲动和抑制还没有完全融为一体。所以，他们的很多行为在大人看来显得很幼稚。我们要知道，这两种力量的融合是早晚的事，因此，我们一定要继续努力，不能放弃培养孩子的意志力。

冲动和抑制的融合有利于人的发展，因此我们应当帮助孩子尽早完成冲动和抑制这两种力量的融合。值得注意的是，我们这样做的目的是锻炼孩子的意志，尽可能早地使冲动和抑制达成某种平衡，而不是让我们的孩子成为别人眼睛里早熟的小绅士。

要实现这一目的，我们就应该在日常生活中，有意识地培养他们的意志力。

意志的所有外在表现都体现在行动之中，不管人们采取什么行动，如行走、工作、说话、写作，它们都被意志和动机所控制着。心理学研究认为，意志力是控制人的冲动和行动的力量。对于儿童来说，意志力是贯穿整个成长过程中的一个问题。意志力的形成过程就是一个成长的过程，同时也是一种天赋的本能，一种成长的自然法则。

心理学研究认为，意志力是一个人能够自觉地确定目的，并根据确定的目的来调控自己的行动，从而克服困难、实现目的的品质。美国哲学家罗伊斯曾经说过，从某种程度上说，意志力通常指我们全部的精神生活，而这种精神生活引导着我们行为的方方面面。如果没有意志力，生命就会像一具分离成单个细胞的身体，陷入一片混乱。意志力体现了一个人的情感和信念，一个具有坚强毅力的人，才会成为一个忠实于自己言行、信念和情感的人。这些人是实现社会发展的最初的动力。他们坚持不懈地工作，为社会创造了巨大的价值。

心理学家通常认为，意志一方面支配一个人的行动，另一方面抑制人们因为生活中的愤怒而产生的冲动，阻止人们去做一些不正确的事情。也就是说，意志不仅会推动一个人的行为，它还对人的行为加以理智的引导和约束。

意志的表现形式是付诸行动，如果一个人想做好事但一直没有行动表现，想弥补自己的过错但不去实施，想向朋友道歉但没有任何表示，那么我们就可以说他没有完成意志的活动，只是想象而已。只有想象是不够的，意志需要付诸行动，而且关键在于行动。意志有多大的力量，行动就有多强的力量。

坚持不懈是毅力的基础。高尔基说："哪怕是对自己的一点小小的克制，也会使人变得强而有力。"生活向人们展示，在困难中只要坚持不懈，就可以锻炼自己的意志。

任何一个堕落的人，在他开始采取具体的行动，比如萌发犯罪的想法、背叛自己的感情、失足犯错，或者是背弃自己的信念之前，往往会表现得缺乏意志，就像一位忠厚诚恳的人在变得堕落之前，总是会表现出一种预兆——他不再喜欢把所有精力都放在工作上。

一般情况下，勤劳的姑娘一定会成为贤惠的妻子，一个忠厚老实的人一定会成为一名好工人，也能给自己的家庭带来好运。之所以这么说，并不是因为那些勤劳的姑娘或忠厚老实的人一定有很强的个人能力，事实上，他们有一种坚持不懈、不屈不挠的意志力。那么我们应如何培养孩子强大的意志力呢？

1. 让孩子从事自己感兴趣的活动

日常生活中，有些大人会强迫自己的孩子放弃他们感兴趣的活动，因为他们自认为有些对儿童更重要的事情需要孩子去做，这种教育方式是不对的。有位名人这样说：“兴趣是坚强意志的门槛。”仔细想想，这句话很有道理。法国的法布尔对昆虫有特殊的兴趣，他在树底下观察昆虫，一趴就是半天，就是凭借对昆虫的喜爱，法布尔最后成为一名著名的昆虫学家。一个人一旦对某种事物、某项工作发生强烈的兴趣，那么，令人向往的意志力就会不知不觉地在他身上体现出来。

2. 让孩子自己做决定

通常，人们所做出的各种决定都是在意志力的控制下完成的。决定是选择的结果，而选择的过程正体现了一个人的意志情况。举个例子，一个家庭主妇要为家里来的客人准备晚餐，在这个过程中她要做出各种各样的选择：晚上的主食是什么，甜点都做些什么等等。不过，在这些事情上，由于经验丰富，她很快就能做出决定。

但是，在日常生活中这种得心应手的事情很少，大多时候我们需要向他人寻求指点，以帮助自己做出选择。比如：我们要在琳琅满目的商品中挑选一件送给朋友，作为他的生日礼物。由于对商品并不了解，担心上当被骗；或者要买一件艺术品时，由于自己对艺术不太懂，怕当众出丑。这个时候，我们就去向他人请教，并且希望得到建议。但这并不代表着我们一定要按照他人的意见去做。

实际上，他人的建议只是帮助我们在做出选择时起辅助作用，很大程度上，我们最后做的选择是由我们自己的意志力决定的。他人给出建议后，我们结合这样的建议再做出选择，这时候的选择是我们自己的决定。

试着做决定是一种脑力劳动，需要不断地付出努力，而那些意志薄弱的人则会尽量不做选择。比如：一个服装师在为一位贵妇人挑选礼服。在挑选的过程中，这个服装师要思考很多的问题，如服装的款式、颜色等是否适合这位夫人，由于这个过程需要花费很长的一段时间，服装师担心麻烦，就随便告诉这个贵妇人："白色的那件礼服很适合您。"这位贵妇人在听到服装设计师的建议后，也点头表示同意。事实上，这位妇人是个不喜欢动脑筋作决定的人。

一个人的一生面临着不断的选择，想要让孩子摆脱对他人的依赖，获得独立，就应该加强孩子自己做选择的决定能力，清晰的思路与非凡的决定能力会给人巨大的自由感。

3. 让孩子多参加集体活动

让孩子参加集体活动，和其他小朋友一起游戏，让孩子专心完成某件事情，学会高度集中，与眼前任务无关的事情坚持不做；让孩子做一些力所能及的事情，坚持做下去，直到这种行为很协调，以致变为习惯。让孩子做一些力所能及的事情，可以从孩子喜欢做的事情入手，这样才能有效锻炼他们的意志力，努力使他们内心的冲动和抑制达到平衡，这正是孩子们即将融入社会要做的必要准备。

培养孩子的意志力，就不能让孩子整天待在家里一动不动，而要让孩子参加集体活动，这样孩子的冲动和抑制才能达到平衡，也才能锻炼坚强的意志，从而孩子长大以后，才能很快融入到社会这个大集体中。因此，一个孩子只有在集体中与其他孩子自由交往，才能逐渐融入社会。如果父母仅仅对孩子说教，告诉他们“你应该做什么”，这样的做法是无法帮助他们培养意志力的。比如，父母想让孩子在陌生人面前表现得大方，仅仅告诉他“什么样的做法是有礼貌的”是不行的，就好像告诉孩子“该怎么样弹钢琴”而不让他碰钢琴一样。这就是说，孩子所有的意志力的锻炼必须在实践中才能进行，否则只是空谈，不会得到任何实际的结果。

培养孩子的意志力，父母应该鼓励他们多参加集体活动，在集体中自由地玩耍，从而对意志进行必要的锻炼。当一个意志力薄弱的孩子看到其他孩子正在进行一项很有趣的活动的时候，这个外部刺激作用于他，就会使他产生一种参与到这个活动的欲望。当这类孩子从被大人“监视”的状态中解放出来，并且按照自己的意愿进行自由活动的时候，他们内心的冲动和意志就很容易达到一种平衡。

4. 排除成人的直接干涉，革除阻碍儿童意志发展的人为障碍

我们可以常常看到这种现象，孩子活泼好动，总是静不下来，看到什么都要去摸一摸，碰一碰，甚至还要去“侵犯”同学，结果被老师斥责为“调皮精”、“讨厌鬼”。事实上，这一类幼儿，处于心理萌芽阶段，萌芽阶段的“冲动”、“抑制”这两种截然不同的状态，仍然是分离的，没有融合成为一体，他们意志仍然不能控制自己，但它在潜意识里起支持作用。这阶段的儿童有一种自我发展的能力，这种能力引导他去触摸东西，去熟悉事物。这是儿童意志发展的一种自发活动，教育者应尽快诱发儿童的积极行为，更早地使儿童产生抑制和冲动之间的相互联系。可是在儿童周围的大人们对待儿童的这种自发活动则往往给予训斥和粗暴的干涉。例如当孩子想摸想碰周围的物体时，大人们则说："别碰！"当孩子为了走得稳而到处跑时，大人们怕孩子摔跤则焦急地加以阻拦说："别跑！"当孩子决定做某事时，他们则说："不行！"当孩子还在集中注意力干某件事时，他们则不顾及孩子心理的需要，打断孩子的行动来服从大人的意志。大人对孩子原始冲动的践踏，无异于把他们即将发展的意志扼杀在摇篮里。一些父母满怀着"爱心"却不知不觉地做了这种摧残儿童意志的帮凶，使儿女成为完全服从他的意志的人。蒙台梭利认为："用成人的意志代替儿童的意志，不让孩子动，即使让他动也是替孩子做主选择，使孩子失掉了意志锻炼的机会。可见，成人给儿童提供的环境中有很多障碍物，它们阻碍了儿童意志、个性的发展，应该彻底地扫除这些障碍，把儿童从成人的禁锢和干涉中解放出来"。

开发孩子的智力

我们如何才能开发出孩子的智力呢？那就是让孩子感觉到外部世界仿佛在敲打他们的心门，唤醒他的精神活动。

现在，人们总是过于关注孩子的身体和附属于身体的部分，比如牙齿、指甲、头发等。可是我相信，在不久的将来，人们一定能够更加清楚地了解儿童的智力，更加慎重地对待儿童的智力。那么什么是智力呢？我打算先不把智力的定义上升到哲学的高度进行探讨，而是要思考一下促进心智形成的映像、联想和再创造活动的总和，并且把心智跟环境联系起来。根据贝恩的理论，感知差异是智力活动的开始，大脑的第一步发展就是对差异进行辨别。感觉就是感知和发觉外部世界。智力形成的最初活动就是收集材料，然后把这些材料进行区别。

人们在夸奖儿童时，往往用“快”、“好”这些词来表达，作业完成得真快，问题回答得真好，这其实就是在说孩子很聪明，似乎“快”、“好”就成了儿童智力发展的标志。反应迅速、动作敏捷、判断准确确实是孩子智力最明显的外部表现，聪明的孩子往往能够迅速地理解事物的内涵。而导致这种“迅速”的原因是这个人有从外界吸收信息、分析信息以及将大脑思考的结果表达出来的能力。

事实上，孩子做出的迅速反应不仅跟平时的训练有关，也跟建立的内部条理有关。做事有条理是反应迅速的关键。对于人们熟悉的工作进行有组织的、条理有序的、层次清晰的再安排本身就是智力的形成过程。思维混乱的大脑很难感知某一对象。在一切事物中，正是有内部条理的存在，事物才具有了迅速发展的可能。

能够把事物区别开来是智力的一个重要特征，它是人类进行创造的基础，而创造必须要有条理地进行。意识的内容可能多种多样，但是如果一个人思维混乱的时候，他所有的智力活动都会停止。因此，要想促进儿童智力的发展，就要帮助他把意识中的意象有条理地进行分类。

我们想象一下一个小孩子在面对这个世界时的心理状态吧！一下子看到那么多的东西，他会感到筋疲力尽，以至于昏昏欲睡。他身边的人没有想到，他还要走路，这才是他真正需要完成的工作。在孩子器官还没有发展协调一致之前，必须要纠正孩子在感官方面所犯的错误。否则，这个被过多刺激压迫的小孩子，只会哭闹或者睡觉了。

孩子们能够通过感觉训练把事物区别开来，并且能够对事物加以分类。事实上，感觉训练包含了事物的各种特征：大小、形状、颜色、表面光滑或者粗糙、重量、温度、味道等，最重要的是它揭示了事物的性质，而不是它本身，虽然这些性质是由物质代表的。我们能够找到一系列相同数量的对应物来描述长、短、厚、薄、大、小、冷、热、光滑、粗糙、香、臭、昏暗和光明等特征。这种分类对于条理与顺序的建立是非常重要的。要知道，事物的性质不仅有质的差别，也有量的不同。它们可能高一些或低一些，厚一些或薄一些等。

感觉训练首先可以使孩子通过分析和比较区分两个刺激物的特征；然后，当儿童的注意力转移向外部一系列事物——长短、光明、黑亮的时候，他们便感知到了事物之间的差异；最后，孩子就可以区分不同事物特征的差异程度。

凭借事物的特征来区分不同事物是最可靠的办法，而对不同事物的分类涉及到每种事物在头脑中的基本排序。所以，对孩子来说，世界显得不再那么混乱不堪了。于是，他的思维便有点像图书馆里摆放整齐的书架一样，每样东西都各归其位；他学到的知识也得到了适当的分类，而不再仅仅被储藏起来。这种基本的顺序绝不会被打乱，而只会被新的材料加以丰富。

孩子在具备能够区分事物的能力后便为智力奠定了基础。因此，儿童认识了外界环境中的事物。当他惊喜地发现云彩是白色的，玻璃是透明的，桌子是长方形的时候，其实他并没有真正发现云彩的颜色，没有看见玻璃，也没有看见桌子，而只是发现了它们在大脑中的位置而已，这就决定了儿童内心个性的稳定平衡。这种稳定平衡的作用就好像能够使身体运动协调的肌肉，它能使身体保持平衡，从而保证从事各种运动时的安全，并且为孩子带来了力量。一座布置得井然有序的图书馆可以为读者节省大量的时间和精力，这是因为图书馆很有条理。有了这种条理，孩子就能很轻松地完成更多的工作，能够在更短的时间内对刺激做出反应。

当大脑有了稳定的条理基础时，对周围事物进行区分和归类就成为一个人的智力表现，也能对人的精神予以熏陶。如果一个人凭借画家对颜色的选择，就能知道画家的性格，我们就可以说他对艺术很精通了。同样，如果一个人能够通过作者的写作风格，就能了解作者，我们也可以说他对文学很精通了，科学家就属于这种类型的人。他们观察事物很仔细，能够在细致观察的基础上对这些事物的价值做出准确地评价，从而对这些事物进行分类。

文学家、音乐家和科学家的能力并不是源于知识的积累，而是他们头脑中已经建立的知识体系。而那些没有受过教育的并且对事物没有深入了解的人，他们的经验没有条理，并且条理也只局限于他们能够直接接触的事物之中。科学家的知识很丰富，他们能够把事物区分开，并且能够识别所有物质并确定它们的种类以及相互之间的关系，尽管这些东西对他们来说有可能是陌生的。我们要教育孩子像科学家那样，对一切事物都敏感，并且可以凭借事物的外部特征加以区分和分类。大自然的一切都具有很大的价值。相反，那些没有受过教育的孩子从艺术品旁边路过或者听到古典音乐时，都不会欣赏。他们对身边的一切都不感兴趣。

照相机在拍摄物体时，能留下清晰的印象，然后再将它们一张一张地保存下来，可是智力不同于照相机，智力独特的逻辑思维能力以及辨别能力能够把事物区分开。正是在这个基础上，智力才建立起自己的内部结构，于是孩子在事物特征的分类上有了条理，他们不但要根据自己对事物的特征来分析观察它，而且还要区分他们的相同、不同和相似之处。这个工作使孩子能够清楚地识别某一事物的特征。

经过多年的积累和实践，我体悟到，很多时候一些生活的普遍法则在孩子身上都能看到倒影，从前这只会在少数精英身上找到，这从侧面反映出了社会对他们的无意识压抑。这种无意识的压抑使人心情沉郁、压抑，甚至使人的内心世界受到伤害。我曾和一位有见识的女士交换了意见，她对此很感兴趣并希望我将它写成文章发表。不过，她对我现行的实验观点却持观望态度。当谈及孩子时，她显然有些不耐烦："嗯！孩子这方面的事我都知道。他们是智力天才、道德天使。"我还是心有不甘，希望带她到我们学校走走，经过一番游说，她终于同意了。在她参观并和可爱的孩子交流过后，她激动地抓住了我的双手："赶快把这些写出来，然后拿去发表！人有旦夕祸福啊，你如果不抓紧做这件事，让这些发现埋进坟墓就太可惜了！"这位女士太可爱了。感谢上帝，我的身体好极了。

研究那些天才们的脑力劳动就会发现他们的努力尽管曾给我们启迪，给我们的幸福生活和社会的进步带来福音，可是，他们所从事的那些劳动并不是什么让人望而却步的事情。心理学家贝恩曾说："天才们具有非常强的联想能力，这就是天才的最基本特点。"只有通过仔细的观察、缜密的思考和认真的整理，并利用多数人都能从事的简单推理，我们才能有所发现。但人和人的不同在于，这类事实仅是被发现者"发展"，其他人总是熟视无睹。

可以说，天才有一种能力，就是在意识上将事实分离出来，并将它与其他东西分门别类地放置。

需要强调的是，天才们最惊人的发现是他们能在同一领域对事实进行分离，而不是所发现的事物本身有什么特别的价值。了解矿产品开采的人知道，珍宝永远在一些不起眼的普通物质中隐藏，它们静静地待在那儿却无人问津。往往真理被“发掘出土”成为稀世珍宝时，大多数人才感叹道：这个我们不都知道吗，只不过是些习以为常的道理嘛！事实上，真理并不是一下子就成为了价值连城的“宝物”，真正使它实现无限价值的是第一个认识并把它付诸实践的人。

我们的大脑所遇到的障碍越大，就越会浪费智慧之光，它的力量也会被大量地分散、消耗。这既会造成大脑推理活动受阻，也会使它看不清事实。

早在古希腊时代，人们根据经验判定：“石头是从天上降落下来的。”在古老中国的编年史中也有陨石坠下的记录。到了中世纪和近代，有关陨石降落的记载就更加常见了。更让人觉得荒唐的是，1492年降落的那颗陨星竟然被马克西米连一世当成了基督教世界对土耳其人发动战争的借口。从资料记载来看，最大的一块陨石是1751年掉在亚格拉姆附近的那一颗，大约40千克，现被收藏在维也纳矿物博物馆里。一位德国著名学者曾经对这件事深有感触：“那些对自然历史一窍不通的人，可能相信铁会从天上掉下来。可是，到了1751年，德国一些受过教育的人还确信铁会从天而降呢！由此可见，人们对于自然历史和物理是多么的无知啊！”

1790年，一颗10千克重的陨石落在了法国西南部的塔斯肯尼地区。许多人亲眼目睹了这一奇观，还向巴黎科学院呈递了一份由300个目击者签名的官方报告。可科学院的回答却是：“收到这样一份关于这么荒诞不经事件的正式报告，真让人哭笑不得。”

几年后，声学的奠基人契拉第里公开承认了这一现象，他相信陨石的存在，可是，他却被指责为“对自然法则一无所知，是一个不顾及自己的言行会对这个道德世界造成极大危害的人”。甚至有一位著名学者为此发出了咆哮：“即便陨石从天上掉在我的脚下，我也不会相信。”

这种怀疑比圣托马斯的怀疑还要固执。圣托马斯只是说：“除非我摸到它，我才会相信。”摆在我们面前的就清清楚楚地是重达 10 千克或 40 千克的铁块，完全能摸得着，可这位学者却说：“就算我摸得着，我也不相信。”

心理学很少讨论对事实视而不见的状况，在教学方法上，我们更是这样。许多事实本已得到大家的认同，例如，没有内在注意力的配合，刺激对于感官的召唤就无法产生作用。把这样的实验多次重复进行后汇总，它就成了我们的一种常识。要让我们看见某种物质，首先要把它摆在我们面前，而且我们还必须把意识集中在这种物质上，也就是说，一种让我们接受刺激印象的内在过程是不可或缺的。

这种情形也会发生在一个更加崇高、纯洁的精神领域。如果一个人的思想没有意念相伴，事物就无法顺畅地进入意识之中，而不管他的思想多么澎湃、强烈甚至奇特，都无济于事。我们认为，意识不仅要处于自由状态，还应该充满“期待”。一个思想混乱的人是无法在毫无准备的情况下接受突然降临的真理的。没有信念，不论事实多么明显地摆在我们眼前，我们对它的解释或阐述都只是白费力气，让心灵向真理敞开的是信念而不是证据。如果一个人的内心没有打开门接纳真理，作为媒介的感觉对此也无能为力。

现在，我们正处于一个实证主义的时代，人们对于自己没有亲手触摸到的东西就不会相信它的存在。所以，智力也处于危机四伏的环境里，其中也包含着矛盾或错误，它的作用可能被低估了，甚至还没有被人们察觉到。因为某个没有被注意到的错误，智力可能会引起人的神志昏迷或者致命的心理失常。因此，智力也像精神一样需要支持，不然，它就会衰竭。

智力所需要的支持并不是感官上的，而是需要得到不断的净化。好在卫生学家已经在建议人们进行身体的“自我调理”，为此，我们花了很多的时间去清理、磨光指甲。我们提倡，“自我调理”应该扩展到一个人的内部，因为这样能够保持身体的健康和完整。

为了让智力避免受到疾病和死亡的威胁，我们不断探索“培养智力”的最佳模式。当然，这项工作也不能操之过急，以防导致它筋疲力尽，从而产生反作用力。现在，鄙陋的习俗对人类健康和发展的威胁仍然令人震惊。因此，我们应该有节制地关注孩子，不要任意强迫他们去学习，应该让他们的心灵永远沐浴智慧之光。

孩子智力方面的发展就是我们所提倡的孩子的自我发展，并不是大家普遍认为的将孩子的一切都交给“本能”。本能是指人所具有的和动物一样的那种最原始的东西。生活中我们习惯于让孩子完全服从我们，恐怕就源于此。在这样错误观念的影响下，我们会将一个孩子的反抗和挣扎及孩子为脱离我们的管制所做出的行为当做本能，并认为孩子的这种表现野蛮并且无理，这就如同动物的行为一般让人无法理解一样。我们把他们当做动物或植物，当他们长大的时候我们期望他们能够安静，就像植物一样悄无声息，希望孩子完全地听从于我们，任凭我们摆弄。可是，我们这样对待他们，他们怎么可能成为“带着天使般花香的植物”呢?

如果我们让他们成为智力的主体，这种情况就有可能得到改变。我们为了孩子能成为自主活动的人，就应该让孩子真正地拥有自由。同时，我们要相信智力才是解决自由问题的关键所在。

可是近年来，许多人将解放“思想自由”的要求与我们所说的社会自由问题相混淆。从而使这个问题变得偏离了我们最初的思想，以致出现了混乱的现象。这同人们曲解了关于孩子的自由问题比较相似。某些人认为，人类如果想要得到真正的解放，就应该回归到最原始的思想状态。可是，人们真的想要这样的思想解放吗？这样的话我们的思想岂不是在不断倒退？我们的社会岂不到处都是毫无文化的人吗？

我深信总有一天，人们会认识到只有自我培养的权利才是人的基本权利。只有当我们深刻地认识到这个问题，我们才能发展得更好，才能真正地成为一个人，才能在适合的环境中自由地选择发展的方向，不再受其他人的奴役和影响。所以，只有接受教育我们才能寻求到解决问题的更好方式。

对于我们来说，孩子的发展已经给我们留下了启发，那就是，我们通过研究孩子的智力发育情况，揭示出了他们成长的秘密，同时发现智力的发育也对孩子的内心世界的发展发挥着极其重要的作用。

智力卫生学也是在人们有了这样的认识后，才逐渐地发展起来的。并且，在对孩子的培养上，智力方面的教育显得越来越重要了，人们已经开始意识到以前所犯下的错误，所以现在在对孩子教育的方式上已经进行了大的改革，不再用压制和禁锢的手段限制孩子的自由和发展。

附录：关于“儿童之家”

进入“儿童之家”，人们通常会被这里宁静的气氛、良好的纪律和秩序所吸引，因为孩子们不是在大吵大闹，也不是死气沉沉，而是每个孩子都在专注地工作。这是“儿童之家”区别于传统幼儿园的重要特征。

所谓“儿童之家”，就是指一个能够供给孩子发展机会的环境。这种学校并没有一定的规格，可以按照经济情况与客观环境而定。不过，它必须像一个家。它一切以孩子为中心，在一个更贴近于现实生活和自然的环境里，经过专业训练的老师的有计划和步骤的引导，在自由宽松的气氛中开发孩子的生理和心理内在潜能，培养孩子的独立性、自制力、意志力和健全的人格。

1907 年 1 月 6 日，第一所“儿童之家”成立了，招收 3 ~ 6 岁的儿童，当时学校里还没有建立专门的教育体系。由于学校什么也没有，因此，只有那些几乎是文盲、家里极度贫穷的父母才把孩子送到学校委托照料，当时只有 50 多名孩子。

我们的初衷原本只是把那些幼小的儿童集中在一起，这样，他们就不会在楼梯上玩耍，就不会把公寓的墙壁弄脏或导致令人烦扰的混乱产生。

可以这么说，第一所“儿童之家”就像一只归零的测量表，而并不是一所标准的学校，到现在仍然不知道它的价值有多大。由于学校的资金很有限，因此在开始的时候，“儿童之家”连最基本的桌椅都没有，更谈不上普通学校里的其他设施了。

第一所“儿童之家”的环境并不像我们今天所看到的“儿童之家”这样明亮和令人愉快。在家具中给人印象最深的是一张牢固的桌子，不管怎么说，它可以给老师当桌子用；还有一只体积很大用来储藏不同的物品的柜子，这只柜子的门被教师锁着，钥匙由教师保管；儿童用的桌子一张挨着一张排列，儿童并排就座；儿童除了可以坐在长条凳上以外，还可以坐在一把普通的小扶手椅上。院子中虽然也栽种植物，但植物只限于一小片草坪和树木，没有花朵，后来，这就成为了学校的特征。我们并没有想着在这样一种环境下进行一些重要的实验，可是，为了了解“儿童之家”里的儿童与以前我曾经接触过的弱智儿童之间的差异，我们开始对他们的感官进行了训练。不管怎样，我没有轻视这样的研究工作。我对教师没有作任何约束，也没有强加任何特殊的责任。我仅仅教这位教师如何运用一些感官材料，这样，她就可以教儿童使用它们。这对她来说是容易的和有趣的。但是，我并没有阻止她发挥自己的创造精神。

事实上，过了不久，我就发现这位教师自己制作了其他一些材料供儿童使用，其中有装饰精美的金十字。她是用纸张做这些饰物的，并且把它们作为奖励品发给行为表现最好的儿童。我经常发现一些孩子胸前佩戴这些饰物。

于是，我们开始了平静的默默无闻的生活。在很长一段时间里，我们所做的事鲜为人知，然而总结这段时间里的主要活动是有好处的。也许我从事的工作缺乏科学之道，所发生的事情也可能是没有意义的，但是一些重要变化却在进行之中。

我们对“儿童之家”里的儿童做了大量的工作，用各种各样的物体教育他们，最终取得了良好的效果。在“儿童之家”，儿童可以对教具进行自由地选择并加以使用，只要是他们不感兴趣的，我就会把它们扔掉，因此最后剩下的都是符合不同年龄段儿童兴趣的教具。

根据教学用具的不同用途，在“儿童之家”我将其分为日常生活教具、感官教具和数学教具。

日常生活教具的主要作用是为了训练孩子的感官能力和肌肉活动之间的协调。对儿童来说，动作的平衡会促进智能的发育，手眼的协调是为他们将来的写字、画图做准备，比如：只有手部肌肉发育起来，儿童才有可能写字。于是在“儿童之家”里，我们每天都会给儿童提供教具，使其对手部肌肉进行练习。时间一长，儿童自然而然就会写字了。此外，日常生活教具的使用对儿童人格的形成，培养孩子独立、专心、协调、秩序等等习惯有着重要的作用，而这些也可以培养社交能力。比如说：教室里只有一套教具了，当小男孩在玩儿，小女孩也想玩儿的时候，她就必须“等待”。可以说日常生活教育是基础，假如教具在这个部分没有发挥相应的作用，那么在往后的感官、数学教具部分也就不能做得很好，无法达到最大的开发效果了。

感官教具的范围非常大，它包括视、听、嗅、味、温、触、压，辨认立体以及色彩等各方面的感官训练，将颜色、气味等抽象的感觉带入具体实物，用以启发孩子认知的敏锐性，为进一步的教育“目的”打下基础。例如：“嗅觉瓶”这个教具，教师通过让儿童辨别气味浓淡及各种气味间的不同感觉，让孩子经由亲自的体验而有清清楚楚的辨认能力。

感官教具很大程度能帮助儿童发展各种感官，可以使儿童“自发性”得到发展，进一步让儿童自动地观察和思考；同时也能够培养儿童对环境敏锐的观察力，使之养成从观察到试验的科学习性。例如：

“儿童之家”的教师在以感官教具训练儿童观察能力的同时，必须让孩子从中辨别相似物和对比物，来诱导儿童进一步形成判断，在心智上产生“推断”，而能做成“决定的思考”和行为。

再以典型的视觉感觉教具——圆柱组加以说明：在教学中使用圆柱组这种教具，并不是为了让儿童将每一个圆柱体放回适当的洞里，而是在锻炼儿童的观察力，培养他们能辨别相同性（都是圆柱体）、相异性（或高度不同，或直径不同等）以及次序性（由左到右或由大到小），引导儿童能够由“了解”和“思考”来判断事物。所以感官教具的使用，重点是在训练儿童的“工作过程”，而不是他的“工作结果”。希望这一点能够引起母亲和教师的重视，否则就会“本末颠倒”。

最后要说的就是数学教具了。人类的学习是个由简单到复杂、由具体到抽象的过程，因此在面对“数学”这种纯抽象概念的知识时，只有以具体、简单的实物训练，才能让孩子觉得数学容易学。孩子们在亲自动手中，先对实物的多与少、大和小求得了解，然后自然就联想到实象与抽象间的关系。比如“儿童之家”的教师为了教孩子了解0，1，2，3，4等5个概念，在“纺锤棒箱”的设计上，就分别在5个空格的上方，标出0，1，2，3，4；然后再依据每个数目的多少，放入同数量的棒子。这样可以使孩子亲眼看到各个数字之间的比较，而知道什么是“1”，“2”和“3”，结合起“数量”（1根棒子）与“数字”（1的字形）。因此，我采用“数棒”为学习数的概念的第一步骤，然后循序渐进地指导儿童了解数的意义（量）与数的字形（符号），而最后进入加、减、乘、除的四则运算。数学教具包括了数学上的许多基本概念，能为孩子奠定良好的数学根基。

目前，有些教育者认为，教具在儿童教育中起非常关键的作用，他们认为不需要计划、不受任何限制地提供大量教具给孩子是比较好的方法。其实，教具提供得太多或太少都可能对儿童的发展产生负面影响。教具的缺乏可能导致儿童学习上的停顿，教具过多则容易使他举棋不定、注意力不集中。

教具作为“启发”孩子思考的媒介物，在设计和使用上一定要注意：首先在设计上要能够引起儿童的注意；另外由于教具具有教育意义，因此，不要选用五颜六色的教具，教具要以朴实、纯净的色调为主，这样才能突显出真正的教育目标；由于教具是提供给儿童用的，因此在设计上还要符合儿童的内在需要，在教具的大小、尺寸、重量等方面，要从儿童的能力来考虑；每一个教具的单独和联合使用，都有其步骤和顺序才能完成。而且不管在设计上或者在使用方法上，都是由简单到复杂，其主要目的是增加和培养孩子了解步骤，重视秩序的观念，并间接地培养其“内在纪律”。

我们给儿童提供的教具，就像钟表商人提供开启钟表发条的钥匙。钟表在发条上紧后就不停地运转了；而儿童不仅能持续地使用教具，而且他们的心理也变得比以前更健康，更有活力了。这样的工作是一种真正的心理激励。

“儿童之家”的一种现象表现了儿童某些天赋的心理特征，但不像植物的生理特征那样明显。儿童的心理活动总是多样易变的，若处在不适宜的环境中，心理特征就会被其他东西所取代甚至完全消失。所以，在涉及教育之前，我们必须创造一个能促进儿童天赋正常发展的适宜环境，而首要任务就是消除障碍物。

首先，我们要把儿童安置在一个不会让他们感到任何压抑和不愉快的环境中。来自贫困家庭的儿童一定会发现他们所处的新环境非常舒适——整齐洁白的教室，特意为他们制作的新的小桌子、小凳子和小扶手椅，以及院子里被暖暖的阳光所照耀着的小草坪。

其次，教师要摒弃傲慢和偏见。儿童的父母通常没有什么文化，社会地位卑微，但教师不应因此而像其他学校的教师那样对他们存有傲慢和偏见，从而产生一种“理智的沉静”。理智的沉静是一种没有杂念的、畅通无阻的状态，是内心清澈与思考自由的源泉，是心灵的谦虚和纯洁，是理解儿童不可或缺的条件。因此，教师准备活动的最重要的部分就是获得这种沉静。

最后，我们要为儿童提供合适、引人注目、科学的感官训练的材料。儿童被这些用于完善感知的材料所吸引，对运动进行分析和改进，并由此学习集中注意力——这些仅仅依靠教师的说教是达不到这个效果的。

因此，儿童的发展需要适宜的环境、谦逊的教师和科学的材料，这也是我们的教育需要恪守的三个原则。

有一天，当我怀着极大的敬意和慈爱看着这些儿童时，我把手按在我的心口上情不自禁地问道：“你们是谁？也许我见到这些儿童就是耶稣手里所怀抱的儿童！”

我手里正拿着真理的火炬，继续走我自己的道路。